삶과 사랑

삶과 사랑

초판 1쇄   2023년 11월 23일
지은이   이용호
펴낸이   이규종
펴낸곳   엘맨출판사
등록번호   제13-1562호(1985.10.29.)
등록된곳   서울시 마포구 토정로 222
            한국출판콘텐츠센터 422-3
전화   (02) 323-4060, 6401-7004
팩스   (02) 323-6416
이메일   elman1985@hanmail.net
            www.elman.kr

ISBN   978-89-5515-093-3   03230

값 14,000 원

삶과 사랑

이용호 지음

하나님의 사람을 만들어 가는 **엘맨** ELMAN

서문

　때로는 걸음을 멈추고 걸어온 길을 돌아 본다.

　철이 들기도 전부터 웃음을 잃어버린 삶 – 지켜 주는 이 없는 고아의 삶은 슬펐다.

　그러기에 그 삭막함 속에서 나를 지키노라 힘들고 슬펐던 몸부림의 고독은 나를 지키는 힘이었다.

　사랑이 무엇인지도 모르며 걸어온길 때로는 주리고 밟히면서도 침묵만이 나를 짙키는 길임이 슬펐다.

　때로는 걸어온 길을 돌아보노라면 상념은 벽이 없이 어디든 가며 이제는 잊고픈 상처들까지도 나를 아프게 한다. 가슴이 뜨거워 묻어둘수만 없을 때는 여기 적었다. 그리고 때로는 주님께서 주시는 말씀들과 함께 한권의 책으로 묶었다.

　그러므로 이글은 내삶의 고백이요 내 신앙의 고백이다.

　힘들었던 고개마다 이길 힘을 주신 주님의 사랑 감격하지 않을 수 없다.

　그러기에 내 매일의 삶이 주님의 사랑에 때문이지 않는 삶이기를 바라는 기도와 함께임을 고백한다.

차례

우리는 누구인가 ... 8

부끄러운 나 ... 10

역사와 함께 배우는 삶 ... 12

잃어버린 땅 ... 14

주님의 사랑 ... 16

죽음 앞에서도 ... 17

천국과 지옥 ... 19

어리석은 물음 ... 20

지워지지 않는 상처 ... 21

아픔의 의미 ... 23

꿈 ... 25

부끄러운 착각 ... 27

끝없는 여로 ... 29

여로 ... 30

다 맡기는 삶 ... 32

다 맡기는 삶 2 ... 34

오묘하신 사랑 ... 36

오묘하신 주님의 사랑 ... 38

길 ... 39

길 ... 41

기도의 힘 ... 42

기도 ... 44

새벽의 기원 ... 45

새벽의 기원 ... 46

위대한 삶 ... 47

회개 ... 49

묻어둔 사랑 ... 50

회상 ... 51

사랑 ... 52

어머니의 사랑 ... 53

어머니 ... 54

꿈과 아픔 ... 55

깊은 사랑 ... 56

삶의 자랑 ... 57

사랑의 도구 ... 59

기도 ... 61

기도 ... 63

삶과 사랑 ... 64

사랑 ... 65

신앙 ... 66

삶 ... 68

방언 기도 ... 70

성령 세례 ... 72

잊혀지지 않는 사랑 ... 74

사랑 ... 75

주님의 사랑 ... 76

주님의 사랑 ... 77

아팠던 여정 ... 78

여명 ... 79

무한하신 사랑 ... 80

사랑과 아픔 ... 81

팔십의 고개 넘으며 ... 82

귀향의 어느 날 ... 83

기도의 삶 ... 84

기도하는 삶 ... 85

자유 ... 86

잃어버린 자유 ... 87

아픔으로 주는 사랑 ... 89

깊은 사랑 ... 90

소망 ... 91

소망 ... 92

지움의 아픔 ... 93

지움의 아픔 ... 95

주님의 약속 ... 96

주님의 사랑 ... 98

나를 잃은 삶 ... 99

사랑의 음성 ... 100

다 잃은 줄 알았는데 ... 101

새출발 ... 103

깊은 사랑 ... 104

깊은 사랑 ... 106

잊을 수 없는 시간들 ... 107

황홀한 시간 ... 108

돌아보는 여정 ... 109

돌아보는 삶 ... 110

속초에서 어느 날 ... 111

빛으로 오신 주님 ... 112

파도 ... 114

어리석은 사랑 ... 116

어리석은 사랑 ... 117

지워지지 않는 얼굴 ... 119

노을 앞에서 ... 120

인내의 잔 ... 121

주님께서 주신 약속 ... 122

세상의 유혹 ... 124

나를 지키시는 주님 ... 125

어머니의 젖 ... 126

힘들었던 날들 ... 127

너는 내 안에 있느니라 ... 128

5월의 찬가 ... 130

미래와 함께 하는 삶 ... 131

꿈 ... 132

교만과 겸손 ... 133

교만과 겸손 ... 134

내일을 품은 삶 ... 135

여명 ... 136

여명 앞에서 ... 138

사랑과 자유 ... 139

사랑과 자유 ... 141

나를 누리는 삶 ... 142

어느 날의 나 ... 143

삶과 땀 ... 144

삶 ... 145

나를 지키는 삶 ... 146

지혜와 함께 하는 삶 ... 147

되찾은 자유 ... 148

자유 ... 149

고난이 주는 뜻 ... 150

여정 ... 151

쓴 웃음 ... 152

삶의 고백 ... 153

나를 사랑 한다면서 ... 154

잃어버린 사랑 ... 158

사랑의 힘 ... 159

땀 ... 160

삶의 궁극의 목표는 진리 안에서
나를 지키는 일이다. ... 161

거짓의 삶은 나 자신에 대한 자학
이다. ... 162

삶과 유혹 ... 164

유혹 ... 165

고독 ... 166

건강한 부 ... 168

삼십년의 긴 여정과 숙제를 마치
며 2022년을 보낸다. ... 169

나는 건강한데 아니라 하였다.
... 171

위대한 삶 ... 172

나의 이름은 사랑이다 ... 173

길 ... 174

거짓을 두고 아무리 변명해도 거
짓은 거짓이다. ... 175

조국 ... 176

무한한 사랑 ... 177

때로는 삶의 곤고함이 삶의 깊은
곳을 보게 한다 ... 178

눈물 ... 180

삶의 동이 트던 날 ... 182

기도의 힘 ... 183

새해를 맞으며 ... 184

우리는 일상속에서 생각보다행동
이 먼저일 때가 있다. ... 185

생존의 장 ... 186

기도 ... 188

때로는 사랑하는 자가 손만 잡아
주어도 힘을 얻는다. ... 190

삶 ... 191

때로는 기도의 무응답이 주님
의 사랑 때문이었음을 깨닫는다.
... 192

상처 ... 193

삶의 위대함 ... 194

영원한 약속 ... 195

우리는 누구인가?

나는 나의 존재함이 우연의 존재인줄 알았다.

그리고 세상의 일각에서는 우리를 두고 진화의 존재라고도 한다.

그러나 성경은 이 의문에 조금도 부족함이 없는 답을 주신다.

성경은 만유의 존재부터 인간의 창조의 목적까지를 다 밝히고 있다.

창세기는 만물의 창조의 과정을 지극히 자세히 설명하고 있으며 인간으로 하여금 만물을 지배하고 다스리게 하였음을 밝히고 있다.

그리고 요한복음은 시작부터가 만물의 창조에 대한 설명부터이다.

"태초에 말씀이 계시니라 이 말씀이 하나님과 함께 계셨으니 이 말씀은 곧 하나님이시니라… 만물이 그로 말미암아 지은 바 되었으니 지은 것이 하나도 그가 없이는 된 것이 없느니라"(요 1:1-3)

또한 우리는 하나님의 형상대로 지음받은 지고한 존재임을 밝히고 있다.

그리고 마 6:9에서는 우리를 지으신 하나님께서 우리에게 이렇게 기도하라고 말씀하신다.

"하늘에 계신 우리 아버지여…"라고 우리는 하나님의 자녀임을 밝히고 있다.

또한 이사야서는 하나님께서 우리를 창조하신 목적에 대하여 이렇게 밝히고 있다.

"내 이름으로 불려지는 모든 자 곧 내가 내 영광을 위하여 창조한 자를 오게 하라 그를 내가 지었고 그를 내가 만들었느니라"(사 43:7)

우리는 하나님의 형상대로 지음 받은 지고한 존재로서 하나님의 자녀이지 우연의 존재도 진화의 존재도 아님을 감사한다.

부끄러운 나

밤처럼
힘들었던 날
나는 왜 이리
힘들어야 합니까
주님께 물었다.

침묵하시는 주님
아들아
내가 너를 사랑한단다.

성숙하지 못한
내 모습에
딱해 하시면서
주님은 또
말씀 하셨습니다.

아들아
나는 너를 위해

죽었노라.

아
부끄러운 나여
그날의 내가
부끄럽습니다.

역사와 함께 배우는 삶

누구 없이 역사가 주는 교훈의 엄존함을 외면할 수 없다.

누구도 부정할 수 없는 살아있는 교훈이기 때문이다.

그러나 이 무거운 교훈도 가볍게 여기는 자가 있다.

자기는 마치 역사를 초월한 존재인양…

우습고 괴이한 일이다.

삶의 깊은 곳을 터득한 자 일수록 역사나 타인이 주는 교훈을 무겁게 받아 들인다.

그리고 이러한 삶의 자세는 자신을 위함이지 누구를 위함이 아니다.

그리고 우리는 역사와 함께 배우는 삶속에서 위선도 사랑도 함께 배운다.

그리고 그안에서 누구는 선두에서 역사를 이끌어가는 선봉자가 되기도 한다.

그런데 하나님은 약한 자로 하여금 역사의 주인인양 허락하실 때가 있다.

그러나 하나님의 무한하신 섭리가운데 지극히 한 부분만을 보고 하나님을 원망하기도 한다.

역사속에서 인류가 범하는 수많은 죄악은 외면한채….

우리의 이 어리석음은 언제까지일까?

악은 자기의 두 모습에 자유하는 힘을 가지고 있다.

그러기에 때로는 꾸며진 위선으로 자기의 피묻은 모습을 가리기도 한다.

그리고 무리의 법칙대로 갖은 무리들끼리의 거대한 힘이 되어 역사의 주인인양 행한다.

그리고 역사는 그때마다 피를 흘리고 아파야 했다.

교만한 눈에는 보이지 않아도 겸손한 눈에는 보이는 것이 있다. 그리고 이것은 진리이다.

삶이 때로는 땀을 요구할 때 거부하는 삶은 우리에게 주는 교훈이 없다.

사랑의 모형은 무한하다 그리고 크기도 다양하다.

그러나 본질은 같다. 희생과 베품이다.

신념이 없는 삶은 하찮은 허세앞에도 무릎을 꿇는다.

삶은 울면서라도 가야 할때가 있다.

나를 지키기 위해서이다.

잃어버린 땅

부의 누림은 싫어할 사람은 없다.

주림만큼 힘든 일도 없기 때문이기도 하다.

우리는 삶속에서 허다한 시간을 먹기 위한 땀의 시간이다.

그러나 나면서부터 먹기 위한 땀은 흘리지 않아도 되는 삶도 있다.

부모가 주는 부 안에서의 삶이다.

가끔 영상을 통해 아프고 힘든 경험을 한다.

그중에서도 아프리카의 빈민이 겪는 참상은 더없이 슬프다.

우리는 사계절이 분명한 천혜의 기후를 가진 축복받은 민족이다. 그리고 어디에도 씨를 뿌리면 열매를 거두는 기름진 땅을 가진 축복의 민족이다.

그런데 때로는 이 땅 위에서도 수많은 사람들이 짐승처럼 죽어가는 주림의 참상이 있었다.

그리고 그 주림은 지금도 이다.

이 비극이 게으름의 결과라면 할말이 없다.

그러나 우리의 근면성은 세계가 인정하는 일이다.

그런데 왜일까? 그리고 왜일까?

그들도 같은 민족이요 같은 땅안에서의 삶인데?

조국의 반토막이 민족의 절반이 겪는 이 슬픔은….

조국의 반이 노예가 되어버린지 오래이다.

그들은 자기 이름으로 주어진 땅이 없어 슬프다.

땅은 땀도 착취된 삶 그리고 주리고 죽어간다.

우리는 어쩌다 조국의 반을 잃었는가?

그 잃어버린 땅에 땀을 쏟아 내 이름으로 거두는 기쁨을 안고 기뻐할 날은 언제일까?

주님의 사랑

생명이 불길처럼 타오르는 삶의 현장에서 불타는 삶으로 누리고 싶었다.

그러나 어느날 내 의지는 간곳없이 사슬에 묶인 나는 만인 앞에서 오열하였다.

"주님, 왜 이옵니까?" 그러나 주님은 침묵 하셨다.

그리고 그 아픔의 어느 날이었다. "너는 나와 대화하자"

"누구십니까?" 그러나 대답이 없으셨다.

그리고 또 요구하였다. 사탄의 유혹이려니 생각에 "사단아 물러가라!" 소리쳤다. 그러나 또 요구하였다.

이제는 두려운 생각이 들기 시작하였다. 그래서 겸손히 물었다.

"누구십니까?" "나는 예수니라" 두렵고 떨렸다.

"정말 주님이시면 왜 저를 이처럼 버리십니까? 정말 주님이시라면 지금까지의 나의 불경을 용서하여 주십시오. 그리고 표증을 보여 주십시오." 십자가를 매고 가시는 주님이 보였다.

로마의 군병은 매질을 하는데 가시면류관 때문에 흐르는 피는 주님의 눈을 뜨지 못하게 하였다.

1992년 12월 어느날 나를 힘들게 하신 주님의 사랑이다.

그리고 살아오며 흘린 부끄러운 땀이 보이기 시작하였다.

죽음 앞에서도

길이 아닌 곳에서
길인 듯 싶어
서성 거리기도 하였다.

그날의 시간과
땀앞에 부끄럽다.

나를 지으신
내생명의 주인이신
주님안에
나를 담기까지의
눈물이여

이제
죽음 앞에서도
웃을 수 있음은

나의 삶이

주님안에서의 삶임을
믿기 때문이다.

천국과 지옥

어느 날
누군가가
내게 물었다.

왜
예수를 믿느냐고

천국과
지옥이
있기 때문이라 하였다.

어리석은 물음

어느날
울면서
주님께 물었습니다.

주님!
정말
천국은 있습니까?

이놈아
보여주었거늘
또 묻느냐

지워지지 않는 상처

삶은 나만의 누림이 아니다. 삶은 더불어 사는 것이기 때문이다.

그안에서 우리는 사랑을 주기도 받기도 하며 살아간다.

그리고 상처 또한 그렇다. 그리고 사랑이 있어야 할곳에 미움이 자리하면 우리의 삶을 힘들게 한다.

미움이 있는 곳에는 항상 시기와 다툼 그리고 분열이 있다.

그 자리는 폐허화 되어간다. 그리하여 서로 보듬고 안아주는 생명의 따스함이 지워진다.

그러나 사랑은 미움이 할퀴고간 그 아픔의 상처까지도 치료하고 그 아픔의 자리에서까지 새로운 생명의 싹이 나게 하는 힘이 있다. 그러므로 사랑은 무형의 존재인듯이어도 사랑은 우리를 지키고 우리의 삶을 지키는 위대한 힘이다.

나는 열 살에 고아가 되었다. 갑자기 팽개치듯 버린 자가 되어 철이 들기 전부터 때로는 아파도 울지 못하였다.

그러던 어느날 숙부와 숙부의 가족이 우리집으로 들어와 나의 후견인겸 함께 생활 하였다.

그러나 초등학생인 나는 그때부터 교과서 없는 학교를 다녔다.

교과서는커녕 필기장이 없어 어느날은 장작 한짐을 지고 십

리길인 읍에까지 가 팔아서 그 돈으로 백지장을 사 겹치고 실로 꿰매어 필기장을 만들었다.

그리고 내것이 있는대로 주리고 헐벗었다.

그러나 왜일까 세상은 나의 편이 되어 주지 않았다.

모두가 외면하였다. 나는 서서히 침묵의 사람이 되어갔다.

그리고 웃음을 잃기 시작하였다. 그런데 그 속에서도 또 한가지 힘든 일이 있었다. 밤이면 불을 켜고 공부를 해야 하는데 불을 켜야 하는 석유의 확보가 용이치 않았다. 그러나 그 아픔 속에서도 잊혀지지 않는 기억이 있다.

책상 맞은편 벽에 써붙인 "노력은 성공의 어머니"이다.

그래서 아픔과 함께 성장한 어린 날을 돌아볼 때면 슬프다.

어려서부터 배워온 인내는 나를 지키는 힘이 되어 주었지만 사랑은 외면한 그들에 대한 용서가 이리 힘이 든다.

그리고 지워질줄 모르는 상처는 지금도 나를 힘들게 한다.

삶이 힘들고 외로웠다.
때로는 춥고 주렸어도
침묵의 길밖에 없었다
많은 세월이 갔음에도
그날의 상처는
지금도 나를 아프게 한다.

아픔의 의미

삶이
왜 때로는 아플까

그러나
누구없이

아픔이 없는
성장은 없다.

그리고 그안에서
우리는 아픔도

주님의
사랑이심을
깨닫는다.

그리고
그안에서

조금씩
성장하는 나를 본다.

꿈

누구없이 꿈이 없는 삶은 없다.

그리고 꿈은 삶을 이끌어 간다.

그러나 자칫 스치는 허상을 꿈인양 착각하기도 한다.

그러나 꿈은 내 의지에서가 아닌 주님께서 심어주실 때 그 꿈에 대한 믿음은 더 확실하다.

성경은 이꿈에 대하여 다음과 같이 말하고 있다.

"너희 안에서 행하시는 이는 하나님이시니 자기의 기쁘신 뜻을 위하여 너희에게 소원을 두고 행하게 하시나니"(빌 2:13)

주님께서 어느날 나에게도 내가슴의 한복판에 뜨거운 꿈을 심어 주셨다.

그러나 그 꿈을 이루기까지는 고독한 땀과 함께 긴날의 인내가 필요하였다.

수많은 조소와 핍박도 함께 하였다.

그러나 주님께서 심어주신 꿈이기에 지워지지 않았다.

때로는 땀과 아픔속에서 안으로만 울었다.

그리고 다 떠난 자리에서 혼자 울어야만도 했다.

그렇게 꿈의 열매가 있기까지의 여정은 힘이 들었다.

그러나 어느날부터 였다.

나 혼자만의 여정이 아님을 깨달았다. 그리고 나의 곁에는 항상 주님이 계신다는 사실을 알았다.

그래서 지치고 힘들어 걸음을 멈추고 울때면 주님의 위로가 있었다.

"아들아 힘을 내라 내가 너를 사랑하노라"

그러나 그 꿈을 이루기까지의 여정은 길었다.

어느 날은 좌절하고 꿈을 접으려고까지 하였다.

그러나 내가 심은 꿈이 아니었기에 지워지지 않았다.

때로는 주림과 함께 방황하였고 어느날은 병들어 쓰러졌다.

어느날 세상의 조소 앞에서 기력을 잃고 있을 때였다.

마지막 땀을 주님께서 요구하셨다.

그래서 마지막 힘을 쏟았다.

그런데 왠지 그 힘은 내힘이 아님을 느꼈다.

분명 내 힘이 아니었다.

주님의 사랑 없이는 다할 수 없는 여정을 마치기까지는 30년의 땀이 함께 하였다.

땀을 씻고 우는데 주님이 위로하였다.

"아들아 수고하였다"

부끄러운 착각

주님의 사랑으로 심은꿈
열매를 거두기까지
그 많은 조소와
핍박속에서도
한하고 긴날
주님만
의지하였습니다.

그리고 긴날의
아픔속에서도
안으로만
울었습니다.

그리고 어느날
주시는 열매안고
내땀의 열매인줄
착각하였습니다.

부끄러운 나여!

그래도 주님은
저를 용서 하십니다.

끝없는 여로

신학원 졸업후 기도원에서 고난중 탈출하여 속초에 이르렀을 때였다.

배가 고팠나 탈진하여 어디엔가 눕고싶은데 그럴수 없음이 슬펐다. 고깃배에 찾아가 일할 수 없느냐고 물었으니 경험이 없는 사람과는 일하기를 싫어한다 하였다.

또 걸었다. 다시 물었더니 같은 대답이었다.

슬프다 못해 참혹하였다.

어느 분이 한 노인을 소개하여 주었다.

훗날 알았지만 노인을 소개한 그분을 천사하였다. 그 노인의 도움으로 속초에서 자리를 잡았다. 식당에서 외상으로 밥을 먹여 주었다. 한동안 잊었던 진수성찬이었다.

처절하였던 그날의 몸부림이 돌아보는 나를 슬프게 한다.

주님 나의 허물은 어디까지의 아픔이어야 합니까?

통곡하며 물었지만 대답이 없으셨다.

그러나 주님은 어느날부터 나에 대한 대하심이 달라졌다.

때로는 휴식도 허락하시었다.

그리고 1993년 10월 7일 미국 가는 비행기에 나를 태웠다.

여로

삶이
피처럼 아플때이면
나의 출생을
원망하기도 하였다.

그러나 한번뿐인 삶이어서
스산한 길목에 버릴 수 없어
힘든짐 다시 추수려
걷곤 하였다.

안으로만 삭인 절규여
삼동을 먹고핀
동백만큼이나 붉었어도
마음에만 묻어둔
아픔들이여

침묵은 깊은 계곡의
상처만큼이어서

한하고 서러웠던
시간이 지난 지금에사

생명이 강같이 흐르는
길을 가며
나웃으며
하늘을 보내

다 맡기는 삶

애당초 인류는 땀이 없이도 살수 있었다.

삶에 필요한 모든 것들이 준비되어 있었기 때문이다.

물론 죽음도 없었다. 죄가 있기 전의 에덴은 그러하였다.

그러나 마귀의 유혹에 선악과를 먹은후 땀을 흘리지 않으면 안되었고 죄의 노예가 되어 죽지않으면 안되었다.

오늘의 생존의 장도 땀으로 만은 부족하여 시기와 다툼 끝없는 투쟁이다. 그래도 자기를 지킴에는 힘이 든다.

그리고 필요치 않은 것들 까지도 소유하려고 아우성인 탐욕의 노예로 살아간다.

그러나 이런 삶이 하나님이 요구하는 모습의 삶은 아니다.

마음이 가난한 자는 복이 있어 천국이 저의 것이라 하였다.

형제중 가장 작은 자에게 하는 것이 주님께 하는 것이라 하셨다.

그리고 무거운 짐과 함께 고생하는 우리를 향해 주님께 와서 쉬라 하신다.

그리고 남이 나를 아프게 하여도 참으라 하신다. 그리고 원수갚는 일을 주님께 맡기라 하신다.

주님께 다 맡기는 삶, 무기력한 삶인 듯 이어도 이보다 위대한 결단 위대한 용기는 없다.

이는 내 힘이 아닌 주님의 힘으로 사는 삶이기 때문이다.

어느날 주님께서 나에게도 지혜와 용기를 주셨다.

주님께 맡기는 삶이다.

그래서 지금은 다툼에서도 미움에서도 조금씩 멀어지고 있다. 그리고 주님께 맡기며 살려고 애쓰다 보니 재미있는 현상이 나를 기쁘게 한다.

때로는 나를 아프게 한 자들에게 갚음도 주님께서 대신하여 주시기 때문이다. 그리고 미움의 감정도 조금씩 지워지기 시작한다.

놀라운 일이다.

다 맡기는 삶 2

의지가
나의 힘이
나를 지키는줄 알았다

그러던 어느날
내의지위에
나를 지키시는
주님을 깨달았다.

그때부터
주님께 다맡기려
노력하였다.
나는 모르오니
주님뜻대로 하소서 라고

주님께 맡기는삶
어리석음 같아도
더없는 지혜임을 알았다

주님!

나는 모르소서

주님뜻대로 하옵소서

오묘하신 사랑

주님은 때로는 우리에게 의외의 땀을 요구하시기도 하신다.

그 땀속에는 아픔과 눈물이 있기 마련이다.

신학원 사년의 땀이 식기도 전의 어느날 주님은 나를 쇠사슬로 묶으셨다.

그리고 혹독 하리만큼 고난의 터널을 지나게 하셨다.

죽을수만 있으면 죽고 싶은데 죽음도 허락지 않으셨다.

그날의 고통은 만인 앞이어서 였기에 더 힘들고 고통스러웠다.

나의 모습을 보고 많은 사람들은 하나님께 징계받는다는 표정들이었다. 그러나 나는 그 아픔이 끝나는 날까지도 아픔의 의미를 몰랐다.

주님께 물어도 대답이 없으셨다. 다만 그날의 아픔은 내 허물의 어디까지인가가 궁금하였다.

그런데 나를 대하는 주님의 모습이 어느 날부터 조금씩 바뀌기 시작하였다.

한결 부드럽고 사랑의 모습으로였다.

그리고 어느날은 이런 말씀을 하셨다.

"용호야 이땅에는 영원한 것이 없단다. 만족도 기쁨도 잠시란다. 그러나 천국은 아름답고 영원하단다."

나도 알고 있는 일인데 왜 이런 말씀을 하실까 라고 의문이었다. 그리고 내가 겪는 아픔에 대해 조금씩 깨닫게 하시었다. 그 아픔 속에는 함께 사는 아내의 허물때문도 돌아가신 부모님의 허물 때문이기도 하다 하셨다.

왜 내가 그 짐들 까지도 져야하는지 의문이었지만 주님은 그에 대한 말씀은 없으셨다.

그런데 그로부터 수년이 지난 어느날 방언 통역의 은사를 받고부터 그날들의 아픔의 의미를 조금씩 깨닫기 시작하였다.

방언 통역의 은사를 받은후 어느 날이었다.

초등학교 친구인 "박병희"라는 친구의 기도를 많이 하였다.

까마득히 잊혀진 친구인데 참으로 이해할 수 없었다.

주님께 묻지 못하였지만 우리는 서로간에 빚진 자들이기 때문이 아닌가 하는 생각이 들었다.

그리고 어느 금요 철야예배 날이었다.

나의 뒷자리에 앉아서 방언으로 기도하시는 어느 자매님이 내 이름까지 부르면서 나를 위한 기도를 하였다.

나를 보지도 알지도 못하는 분이 나를 위해 뜨겁게 기도하는 모습을 보고 그밤에 내가 받은 충격은 형언할 수가 없었다. 그때부터 내 고난의 어느날 내가 받은 고난중에는 함께 사는 아내 때문에도 돌아가신 부모님 때문에도라도 주님의 말씀이 조금씩 이해되기 시작하였다.

그리고 그날의 아픔이 조금씩 깨달아 지면서 그날에 겪었던 아픔에 대한 원망은 감사로 바뀌기 시작하였다.

오묘하신 주님의 사랑

때로는
다가오는
파도 앞에서

피하기보다는
조용히
무릎꿇고
기도하자

들려오는
음성
있으려니

너를
버릴 수 없어
아픔으로주는
나의 사랑
이라고

길

길을 두고 길 아닌 곳을 가며 길을 가는 양 하기도 한다.

그러나 길이요 진리요 생명이신 주님께서 세상의 빛으로 오셨으므로 주님 안에서의 삶이 곧 길을 가는 삶이다.

길이 없어 울든 날을 생각 하면 슬프다.

그러나 어느날 예수가 길임을 알고 울든 날의 감격을 잊을 수 없다.

길을 가는데는 질서가 있고 지켜야 할 규칙들이 있다.

그래야 수많은 사람들이 오고감에 불편함이 없다.

이천년전 길이요 진리요 생명이신 주님께서 세상의 빛으로 오셔서 형틀에 달려 살찢고 피흘려 우리 죄를 대신하여 죽으셨다. 그리고 주님과의 막혔던 길도 열어 주셨다.

그러나 이 길을 가기를 거부하기도 한다.

그리고 약한 자는 강한 자에게 밟히고 시기하고 착취요 다툼인 곳을 길인양 가는 자들을 향해 죄로 인해 깊을 잃고 헤매이는 아담을 부르시던 주님이 오늘도 우리를 향해 부르신다.내가 길이요 진리요 생명이니 내게 오라고 그런데 왜일까 이생명의 외침에 귀를 막고 그리고 생명없는 그 역겹고 힘든 자리에서 떠나길흘 싫어하기도 한다.

사랑은 오래 참고 모든 것을 견딘다 하였다.

쉼이 없는 사랑의 외침이 있어야 하겠고 그리하여 세상의 힘든 곳에서 발을 멈추고 사랑의 주님에게로 돌아오기를 바라는 소망을 멈추지 말자.

길

길 아닌 곳을
길인양 가면서
자기힘 자랑이다.

남의 땀으로
이른 지경을
헤집고 다니며
내것처럼 누린다.

자기땀으로 아닌
결실을 두고
내것인양
이기도 한다.

길을 가자
주님만이
길임을 알고.

기도의 힘

가다가 길이 막히면 걸음을 멈추고 하늘을 본다.

힘들게 살아가는 삶의 모습이다.

우리는 살면서 때로는 이런 고독을 마신다.

그리고 이밤 같은 날의 아픔을 알고 울기도 한다.

한하고 길이 열리지 않았다.

어느 날 길을 가다말고 하늘을 보며 울었다.

그리고 하늘의 어디엔가는 하나님이 계시겠지 하는 생각에 하늘을 보며 푸념같은 기도를 했다.

하나님 저를 아십니까? 하나님 저의 이름을 아십니까? 부터였다.

그날의 호소가 하나님께 상달된 것일까 콘크리트처럼 굳어졌던 환경에 균열이 조금씩 시작되었다.

그리고 어느날 나를 중동의 사막으로 이끌어갔다.

이스라엘민족이 출애굽후 사십년간 방황하든 역사의 현장으로였다.

작열하는 태양과 바람과 모래와 싸우며 주님께로부터 삶의 깊은 곳을 배우기 시작하였다.

그리고 누군가가 갖다준 최자실목사님의 간증 수기 "나는 할

렐루야 아줌마였다"를 읽었다.

나는 무언가 새로운 길을 가고 싶다는 생각을 하게 되었다.

그리고 목사님의 간증은 동기가 되고 힘이 되어 주었다.

그리고 주님에 대한 소망으로 나의 삶은 채워지기 시작하였다.

"너는 내게 부르짖으라 내가 네게 응답하겠고 네가 알지 못하는 크고 은밀한 일을 네게 보이리라"(렘 33:3)

기도

하늘은 공허했다.
그러나 어디엔가는 계시겠지라고
하나님은 불렀다.
그리고 넋두리처럼 기도했다.

하나님 저를 아십니까
저의 이름을 아십니까 부터였다.
저는 너무 힘들고 고독합니다.
저를 도와 주옵소서.

꿈도 현실도
다 허물어진
폐허위에서의 오열이었다.

나의 호소가 하나님께 상달되었음을
어느날부터 삶속에서
확인되기 시작하였다.
하나님은 어디고 계시든 것을.

새벽의 기원

기도는 삶의 호흡이요 신앙의 호흡이다.

그래서 기도없는 삶은 생각만 해도 삭막하다.

내가 누구인지를 모를 때는 기도의 의미를 모른다.

그러나 내가 하나님의 자녀임을 알게 되면 기도는 삶의 호흡임을 알게 된다.

또한 시간이 멈춘듯한 새벽의 조용한 시간의 기도는 우리의 삶을 한층 다듬어 준다.

하루의 출발에서부터 삶을 주님께 맡기고 의지하는 기도를 주님께서 좋아하시지 않을 수 없으리라 믿기 때문이다.

그래서 나는 많은기도중 새벽의 기도를 좋아한다.

그리고 때로는 세미한 음성으로 주시는 주님의 사랑에 감격하곤 한다.

오늘도 내가 살아있어 주님의 사랑을 받으며 살아가는 이 사실은 감격이 아닐 수 없다.

새벽의 기원

마음의 창에
빛 비춰 올 때
나 하품없이
눈뜨게 하소서

주님의 손길
나깨우실 때
나 잠 이길
힘주소서

마음 다하고
정성 다하여
기도하게 하시고

새벽의 창
다 밝기전
응답하소서

위대한 삶

죽음 앞에서 웃을 수 있는 삶은 행복한 삶이다.

꿈도 성취도 누림도 아름다웠으리라 믿기 때문이다.

날이 밝아 아침이 오면 또 밤이 온다.

태양이 있고 지구의 회전이 멈추지 않는한 이 자연의 법칙은 변치 않는다. 우리의 삶에도 이와 같이 변치 않는 삶의 법칙이 있다.

사랑하면 기쁘고 미워하면 나도 괴롭다.

그러나 많은 사람들이 이 사실을 외면한다.

사랑과 관계없는 삶속에서 자신을 힘들게도 한다.

그리고 삶에는 목표가 있다. 그 목표가 사랑에서 시작된 목표라면 이루는 과정도 사랑이 함께 한다.

그러나 그 목표가 나만을 위한 것이라면 그 이루는 과정도 삭막하기 마련이다.

살아가는데는 필요로 하는 것들이 많다.

그러나 필요한 것이라도 그것들 마다의 필요의 양이 있다.

그리고 양이 넘치면 도리어 짐이 되기도 한다.

누구든지 부를 위해 땀을 흘린다.

그러나 그 부가 어느 분은 나만을 위한 부가 아닌 이웃과 사회를 위해서 쓰여지는 지움 부인가 하면 어느 자리에서는 자신만을 위한 탐욕의 도구이기도 한다.

사랑의 삶과 사랑과 지혜가 없는 두 모습의 삶이다.

그래서 사랑안에서 꿈을 이루고 누린 자는 웃음 안에서 생을 마친다.

부럽고 위대한 삶이다.

회개

영가질 것
아닌 것들을 위해
흘린 땀이
부끄러워 울었습니다.

가버린 날을
삶이라 하기에는
부끄러워
울었습니다.

부끄러운 삶
주님의
사랑으로
지운 자리

이제는
주님만으로
채우소서

묻어둔 사랑

삶의 수단중에 말처럼 힘을 가진 것도 없다.

만물중에 인간만이 가지고 있는 말은 삶의 수단으로도 귀한 것이지만 말이 가지고 있는 힘도 크다.

그러나 꼭 하고싶은 말인데도 평생을 묻어두고 못하는 말도 있다.

여기까지 오기까지의 나의 삶은 초라했다.

그래서인가 이성에 대한 사랑을 고백해본 일이 없다.

언제부터인가 그 꿈많은 소년의 나이에 한 여고생을 지극히 사랑했었다.

일상의 대화는 있었어도 사랑한다는 말은 끝내 못하였다. 남다르게 용기가 없는 것도 감정이 무딘 것도 아니었지만 나의 삶이 초라하다 느껴져서였다.

슬픔처럼 묻어둔 사랑, 세월이 지난 어느날 남편과 아이와 함께 서울역 앞을 가고 있었다.

나는 자칫 이름을 부를뻔 하였다.

그러다 목석처럼 굳어져 서 있었다.

여인은 유유히 내앞을 갔다.

잠시나마 소년의 꿈에 취하였던 그날의 기억을 잊을 수 없다.

회상

가슴은
뜨거운데
말을 못하였다.
사랑한다고.

묻어둔 아픔
삵이노라
세월과 함께
힘들였다.

어느날
덧없이 가버린
세월의 말미에서

흰머리이고
눈물과 함께
돌아본다.

사랑

삶이 흘리고 온
땀 위에

당신의 이름을
적었습니다.

잊을 수
없어서입니다.

그리고
또 씁니다.
사랑한다고.

어머니의 사랑

"어머니" 이 이름은 아무리 불러도 싫지않은 이름이다.

그리고 부르면 부를수록 우리에게 힘을 주는 사랑의 대명사이다.

그러므로 지치고 힘들어도 이 이름은 이름의 부름 만으로도 우리의 땀을 닦아준다.

놀라운 사랑이다. 그러므로 수많은 이름중 어머니 만큼의 감동을 주는 이름은 없다.

그러나 이 이름을 부르지 못하고 사는 사람들도 있다.

고아들의 슬픔이요 고독이다.

그래서 때로는 지치고 힘들어도 품어주고 땀을 닦아줄 사랑이 없어 고독하다.

그런데 우리는 때로는 잘못된 어머니의 사랑을 보며 괴로운 때가 있다.

사랑인듯이어도 잘못된 과잉의 베품이다.

그리하여 포만은 아이의 성장을 해치고 사랑이 무엇인지 모르며 자라게 한다. 그것은 사랑이 아니다.

때로는 주림도 추위도 사랑을 깨닫게 하는 계기가 됨을 안다면 진정한 사랑은 베품에도 지혜의 베품이어야 한다.

어머니

가진 자에게도
없는 자에게도
이
이름의 무게는 같다.

무한한 무게
무한한 길이
무한한 넓이의
몸체이기
 때문이다.

꿈과 아픔

　주님의 우리에 대한 사랑은 오묘 하시다.

　꿈을 주실 때는 아픔도 주신다. 꿈이 헛되지않게 하시려는 주님의 사랑이시다.

　꿈은 아픔을 먹고 자란다. 그래서 아픔이 없는 꿈은 성장도 열매도 없다. 한 그루의 나무도 성장과 열매를 맺기까지는 많은 날의 풍상과 함께 한다. 하물며 만물의 영장인 인간을 사랑하시는 하나님의 사랑이 가벼울 수 없다.

　그래서 우리는 이 인고의 땀의 열매 앞에서는 경의를 표한다.

　그리고 많은 인내를 요구하는 그 땀은 그 땀의 분량과 아픔에 상응하는 보상을 받는다.

　이것이 하나님의 우리에 대한 사랑의 법칙이다.

　신앙은 삶의 일부인양 생각 하기도 한다.

　그러나 신앙은 나를 지키는 삶의 핵심이다.

　하나님과 나와의 관계 이것은 곧 생명의 누림이다.

　그래서 죽음은 곧 하나님을 떠난 삶을 말한다.

　존재하는 모든 것들이 자기를 지키노라 노력이다.

　우리 또한 우리의 삶이 우리 생명의 원천이신 주님과의 단절이 없도록의 땀이어야 한다.

깊은 사랑

꿈을 주시며
아픔도 함께 주셨다.

꿈이
헛되지 않게 하시려는
사랑이셨음을
인고와 함께 깨달았다.

그리고 그안에서
삶의 깊은곳도
보게 하셨다.

그리고
웃음만이
축복이 아님을
알게 하셨다.

삶의 자랑

삶의 모습들은 다양할 수밖에 없다. 삶은 그안에 무엇을 어떻게 채우냐에 따라 결과가 결정된다.

그러나 세상이 요구하는 삶과 믿음이 요구하는 삶의 모습이 같을 수는 없다. 세상이 요구하는 삶은 세상의 부와 권세이다.

그러나 믿음이 요구하는 삶은 다르다. 그러기에 나는 어느쪽을 위한 땀을 흘려야 하는가와 무엇을 위한 삶을 살고 있는가는 중요하다.

생명과 관계없는 것에 대한 삶이라면 생명과 관계된 삶으로의 땀이 필요하다. 그리고 우리는 그때 비로소 삶의 진정한 의미를 깨닫게 되고 영원한 미래의 품을 쫓아 땀을 쏟는 삶을 살아간다. 그리고 그 꿈은 한사코 퇴색하거나 지워지지 않는다.

시간과 함께 더욱 빛을 발한다.

그리고 지금껏 알지 못하였던 진리의 깊은 샘에 이르렀음을 알게 된다.

그 샘은 다름 아닌 주님께서 수가성 여인에게 주고 싶었던 영원히 목마르지 않는 생수이다.

"예수께서 대답하여 이르시되 이 물을 마시는 자마다 다시 목마르려니와 내가 주는 물을 마시는 자는 영원히 목마르지 아니하리니 내가 주는 물은 그 속에서 영생하도록 솟아나는 샘물이 되리라"(요 4:13-14)

사랑의 도구

주님
나의 딸이
이웃의 힘이 될 수 있다면
아끼지
않게 하소서

내 한마디의 위로가
이웃에게
힘이 될 수 있다면
침묵않게 하소서

내가 베푼
조그마한 사랑이
이웃의 주됨에
도움이 된다면
그 사랑의 기회
놓치지 않게 하소서
나로

선한 도구되게 하시고
그안에서
기쁨누리게 하소서

기도

기도는 삶과 신앙의 호흡이요 힘이다.

그러기에 믿음의 삶속에서 기도만큼의 힘도 없다.

기도는 없는 것을 있게도 한다. 약한 자를 강하게 한다.

그리고 작은 것을 크게도 큰 것을 작게도 한다.

그리고 기도는 삶의 깊은 곳을 보게 한다.

그리고 때로는 헛된 자리에 있는 자신을 깨닫게 하여
생명의 자리로 옮겨 준다.

우리의 기도는 어디까지 되어야 할까?

그러나 기도는 믿음의 분량대로 임을 안다.

신학원 재학중 일 때 였다.

장모님이 허리와 어깨가 아프시다고 힘들어 하셨다.

그래서 허리와 어깨를 만지며 기도하였다.

그런데 다음에 오셔서 하시는 말씀은 내가 기도하여준 후로
는 깨끗이 나았다고 기뻐하셨다.

그 일은 크고 적음을 떠나서 나의 신앙에 큰 도움이 되었다.

나의 기도에도 치료의 힘을 주셨다는 확증의 기쁨 때문이었
다.

많은 기도중 선인의 기도에는 지구의 회전을 멈추게 한 기도

도 있다.

만인의 심금을 울리는 위대한 기도이다.

"여호와께서 아모리 사람을 이스라엘 자손에게 넘겨 주시던
날에 여호수아가 여호와께 아뢰어 이스라엘의 목전에서 이르
되 태양아 너는 기브온 위에 머무르라 달아 너도 아얄론 골짜
기에서 그리할지어다 하매 태양이 머물고 달이 멈추기를 백성
이 그 대적에게 원수를 갚기까지 하였느니라"(수 10:12-13)

지구의 회전을 멈추게 한 위대한 기도앞에 우리는 머리를 숙
이지 않을 수 없다.

기도

동이 트기까지
기도는
더 깊은 곳을 갔다.

눈물보다
더 아픈 시간들
피해가고 싶도록 아팠다.

그러나
그 아픔으로
더 작아진
나를 보며
감사한다.

이 힘겨움이
마지막 한꺼풀의
아픔이기를 바라며

삶과 사랑

삶을 사랑의 대명사처럼 살기는 어렵다.

그러나 굳이 사랑을 외면하면서까지 자기 이익만을 누리는 것을 삶이라 하기에는 부끄럽다.

삶은 더불어 사는 것이기 때문이다.

이 땅의 삶은 유한하기에 사랑없이 누리기는 아쉬운 시간들이다.

다 아는 것으로 사랑만큼의 보상은 없다.

사랑을 하면 먼저 내가 기쁘다. 그리고 또다른 수많은 생명의 싹을 나게도 한다.

사랑은 생명안에서의 베풂이기 때문이다.

그리고 이 베풂은 체험의 결과가 두고 두고 우리를 기쁘게도 한다.

그래서 사랑과 미움의 차이는 비교할 수 없다.

사랑은 생명안에서의 존재인데 반해 미움은 죽음의 화신이기 때문이다.

우리에게 주어진 이 땅에서의 유한한 삶이 사랑의 삶이었으면 한다.

사랑

이웃의
목마름에
나의 드림이
기쁨이 되게 하소서

이웃의
아픔에
나의 땀이
힘이 되게 하소서

이웃의
눈물에
나의 만짐이
위로가 되게 하소서

신앙

항상 자기의 의지가 중심인 삶은 신앙과는 무관한 삶이다.

그러나 나의 의지만의 삶이 아닌 주님께 의지하고 성령의 도우심 안에서의 행함은 신앙인이면 누구나 누려야 하는 삶의 질서이다.

내 의지만의 행함이 아닌 성령의 도우심이 함께 하는 삶, 이 삶은 결코 실패할 수 없다.

그러나 사단은 이 삶을 두고 의지의 포기이니 하고 떠든다.

그리고 주님께서 성령을 통하여 주시는 지혜와는 무관한 내 의지만의 삶을 주장한다.

그러나 이것은 신앙과는 무관한 삶이다.

건강한 신앙은 내 의지만의 행사가 아닌 주님안에서 성령님의 도우심이 함께 하는 삶이다.

삶이 의미없는 시간이나 누리는 세상의 유희쯤이라면 그것은 생명과는 무관한 사단의 역사이다.

내 의지만의 행사가 아닌 기도와 성령의 도우심이 함께하는 삶, 이 생명의 질서 안에서의 삶을 우리는 신앙이라 한다.

"수고하고 무거운 짐 진 자들아 다 내게로 오라 내가 너희를

쉬게 하리라"(마 11:28)

주님의 사랑안에서는 높고 낮은 자도 크고 작은 자도 없다.
그리고 주님은 우리의 짐을 분량에 관계없이 다 받으신다.

삶

삶은
혼자만의
누림이 아니다.

그리고
삶의 주체는
하나님 이시다.

아픔도 영광도
주님과
함께하는 삶

이보다 더
위대한
삶은 없다.

이 삶은
내가

살아있음의
확증이다.

방언 기도

일마다에는 필요한 무기가 있다.

신앙 또한 마찬 가지다. 영혼의 호흡인 기도이다.

기도의 영역은 끝이 없다.

그리고 내 의지의 기도가 아닌 성령께서 우리를 위하여 친히 하여 주시는 방언 기도가 있다.

그리고 방언 기도는 우리의 믿음이 성장하고 있음의 표증이기도 하다.

개념에만 계시는 주님이 우리의 몸을 성전하시고 성령으로 오시어 우리를 대신하여 기도하여 주시기 때문이다.

"이와 같이 성령도 우리의 연약함을 도우시나니 우리는 마땅히 기도할 바를 알지 못하나 오직 성령이 말할 수 없는 탄식으로 우리를 위하여 친히 간구하시느니라"(롬 8:26)

나는 성령세례를 받던 그날의 감격을 잊을 수 없다. 그 감격은 상상을 초월한 것이었다.

나는 그때 자연의 신비도 보았다. 내 지혜로는 그 상황을 설명할 수가 없음이 안타깝다.

그리고 그때부터 나의 믿음은 평소보다 빠르게 성장하기 시작하였다.

때로는 시간과 관계없이 기도를 멈추기 싫어 장시간의 기도를 하기도 한다.

그리고 사랑이라 이름할 수 있는 감정들이 자리하기 시작하였다. 그리고 때로는 세상의 기쁨과는 비교할 수 없는 기쁨들이 생활속에서 함께 하기도 한다.

성령 세례

영원한 생명
마시던 날
나 그 기쁨 못이겨
울었네

성령께서
나를 집 하시고
내게
오시던 날

삼라만상도
환희에 못이겨
춤추던 날

내 영혼도
함께
춤추었네
오 나여

그날의
환희여

잊혀지지 않는 사랑

사랑은 그림자도 없거늘 지워지지 않는다.
그리하여 많은날 그리움의 상처로 남기도 한다.
가까이 다가가 손 한번 잡아본 일 없거늘
마음속에 한하고 자리하고 떠날줄을 모르는
여인의 모습이 오늘도 힘들게 한다.

말할 수 없는 묻어둔 사연이 있다.
그래서 나만이 안고가는 사랑이다.
어느날 보따리를 옆에 끼고 가고 있었다.
그러나 우리는 스치면서도 말을 못하였다.
그것이 가까이서 그녀를 본 전부였다.
왜일까 봄이 오면 심히도 그녀의 생각이 깊다.
눈물같은 사랑
아픔만큼이나 깊은 사랑이 나를 슬프게 한다.

사랑

너의 생각에
오늘도
나의 마음

먼 길을
오고 가네

여인아
너 있는곳 몰라

내 마음
눈물이어라

주님의 사랑

많은 사랑이 있다.

그리고 사랑만큼 다양한 모습도 없다.

그리고 사랑은 우리가 살아가는데 없어서는 안될 삶의 양식이요 힘이다.

그러므로 사랑이 없는 삶은 슬프고 삭막하다.

일찍이 고아가 되어 건조한 사막을 걷 듯 살아오던 내가 주님을 만나 주님의 사랑을 받으며 살기 시작하였다.

꿈이 아닌가 하였다.

그러던 어느날 거울앞에서 희어진 머리를 보며 울었다.

갑자기 아버지 어머니가 보고 싶었다.

그러나 내게는 두분의 사진 한 장도 없음이 안타까웠다.

주님께서 위로하시며 남은 날의 지킴을 생각하게 하시었다. 그래도 나이가 더해 갈수록 때로는 마음이 약해짐이 슬프다.

주님 나로 고운 모습으로 고운 마음으로 살다가 천국 가게 하옵소서 기도한다.

주님의 사랑

산을 하나
넘은 듯인데
나 어느새
백발이네

여든의 고개
한해 앞두고
거울에 비친
흰머리 보며 운다

아들아 힘을 내라
내가 너를
사랑하노라
주님의 사랑에
또
목이 메인다

아팠던 여정

　육십에 이혼하고 새로운 삶의 여정은 또다시 고독하고 힘들었다.
　침묵의 삶, 대화를 하고 싶은데 대화할 이웃이 없었다.
　그리고 나를 보는 세상의 시선은 부드럽지 못하였다.
　그러나 때로는 방황하다가 가야할 목표가 있었기에 좌절하지 않고 분투 하였다.
　그리고 힘쓰는 일에 하나 둘 마무리를 하노라 힘썼다.
　그중에는 책을 펴낼 원고도 있다.
　그러나 왜일까 돌아보는 삶이 공허하고 허전할 때가 많았다.
　그리고 송두리째 무너지던 날의 그 아픔위에 돌을 던지며
아프게 하던 날의 그들의 모습이 나를 슬프게도 하였다.
　그러나 그 밤같은 날을 이기노라 힘들었던 땀까지도
주님의 사랑 이셨음을 지금에사 깨닫는다.
　그리고 주님의 사랑이 깊이는 무한하심에 감격한다.

여명

동이 트기를
기다리며
아픈 밤을
안고 울었다.

이제
대지에도
봄이 오는 소리
지척인데

헝클어진 머리
다시 빗고

봄이 오는
길목에
시선을 보낸다.

무한하신 사랑

삶은 사랑만도 아픔만도 아니다.

통곡의 아픈날도 춤을 추고픈 기쁜날도 있다.

주님께서 우리를 만드시는 과정이다.

긴날의 아픔후의 깨달음이다.

그러나 그 아픔의 날도 주님을 원망해 본일은 없다.

그 이유는 나도 모른다.

그리고 내가 무엇이고간대 하나님을 원망할 수 있단 말인가.

그러나 인내는 슬프도록 힘이 들었다.

이웃과 단절속에서 나를 지키는 처절한 고독은 기가 막혔다.

그러나 숨이 차도록 힘들었던 그날의 고독도

주님의 사랑 이셨음을 깨닫기까지의 아픔도 슬프고 힘이 들었다.

사랑과 아픔

고개를 넘은 듯인데
허다한 세월이었다.

상처 뿐인듯 이여
지우고 픈데

"아들아
너를 지킨 눈물이었느니라"
아픔도
사랑이셨음을
이제사 여라

팔십의 고개 넘으며

삶이 세월만 누리는 것이라면 부끄러운 일이다.

그런데 돌아보는 나의 삶은 주님의 사랑 아니고는 내놓을 것이 없다.

부끄러운 일이다. 그래도 팔십의 고개를 넘는다.

어느날 고향을 찾았다. 그러나 삭막하고 슬펐다.

그많던 젊은이들 어디 가고 주름진 얼굴들만 슬픔처럼 자리를 지키고 있었다.

고향은 없는 자도 있어도 갈 수 없는 자들도 있다.

평안북도 박천군에서 피난온 삼형제 분이 우리집 행남채에서 살고 있었다.

그런데 어느 명절날이었다. 삼형제중 막내인 김병순이라는 분이 고향과 부모 친척이 그리워 울던 모습은 지금도 통곡처럼 내가슴에 남아 있다.

고향!

잊을 수 없는 아름다운 이름이다.

귀향의 어느 날

운동회 같았던 날들
날마다
삶의 축제처럼
마을은
시끄러웠다.

내 어린 날의
삶의 현장이다.

이제는
다 떠나버린 자리에
주름진 얼굴들만이
눈물같은 모습인데.

태고의
적막같은 이곳에
백발이고
어느날 찾아가 울었어라.

기도의 삶

누구 없이 힘들고 어려운 날이 있다.

웃음으로 시작해서 웃음으로만 끝나는 삶은 없다.

그리고 삶의 지혜는 아픔을 통하여 성장한다.

그리고 믿음의 삶과 믿음이 없는 삶은 고난이 다가왔을 때 드러난다.

믿음이 없는 삶은 불평과 불만이 앞선다.

그러나 믿음의 삶은 자신의 성찰부터이다.

그리하여 자기만 아는 숨겨진 허물에 대한 회개의 시간이기도 하다.

때로는 힘든 이웃을 외면한일 사랑을 요구하는 자리를 외면하고 지나친 일 등이다. 그래서 때로는 잔인하였고 나만을 위한 삶이었던 탐욕의 올무에서 벗어나기도 한다.

그러기에 때로는 우리에게 다가오는 아픔들은 무의미한 일이 아니다.

나를 정화시키고 성장시키는 기회이기도 하다.

그러기에 우리는 아픔이 와도 실망하지 말고 기도해야 한다.

그리고 주시는 깨달음을 놓치지 않는 지혜의 사람이어야 한다.

기도하는 삶

삶이 헝클어져
가슴을 누를 때
기도하세요

삶이 가벼울 때
기도하지 못한 죄
이웃이 울 때
외면한 죄
깨닫게 하는
사랑임을 알고

주여!
나의 삶
기도
쉬지 않게 하소서

자유

1992년 12월 어느날, 내 영혼이 낙원을 보고 지옥의 편력을 마치고 내 육체에 다시 오기까지는 세상의 4시간이었다.

그리고 나는 내가 자유를 잃은 상태임을 알았다.

나는 화장실을 가는데도 타인의 허락을 받아야 했었고 감시를 받아야 했었다.

그리고 잃어버린 자유를 되찾기까지는 많은 날의 인내와 고통이 있었다. 그 아픔들을 여기 다 쓸 수 없다.

그러기에 자유의 소중함을 뼈저리게 깨닫지 않을 수 없었다.

그래서 나는 이땅의 삶이 영원한 자유를 위해서라면 어떤 땀의 요구에도 응해야 한다는 생각을 한다.

내가 본 지옥의 실상은 필설로 다할 수 없는 참혹한 세계였기 때문이다.

자유!

자유!

자유!

만인의 가슴에 자유의 소중함이 각인되었으면 한다.

잃어버린 자유

나는 건강한데
모두들
나더러 아프다 하였다.

나는
바른말 하는데
아무도
믿지 않았다.

쇠사슬이
나를 묶었고
나는 한 마리의
짐승이었다.

자유를 잃고서야
자유의
소중함을 알았고

자유하는
새가 부러워
울었다.

아픔으로 주는 사랑

아픔과 깨달음은 지극히 깊은 상관 관계이다.

하나님은 우리의 허물들을 아픔을 통해서도 깨닫게 하시고 지워주신다. 그러나 세상은 굳이 우리의 허물을 탓하지 않는다. 그리고 각인의 길을 간다.

그러나 하나님의 우리에 대한 사랑은 다르시다.

회초리를 들어 아프게도 하신다. 그리고 그 아픔의 분량만큼의 깊은 곳 까지를 깨닫게 하신다.

신학원 졸업후 기도원에서 힘든 날을 보낼 때였다.

살아오는 동안 이것쯤은 하나님도 용서하시겠지 하고 가벼운 마음으로 행하였던 허물들을 보여주셨다.

책망은 없으셨다. 그냥 보여만 주셨다. 그런데도 그렇게 아팠다.

이제 끝일려나 하면 또 보여주시고 마치 양파의 껍질을 벗기듯이였다. 그러나 그것은 나의 지난날의 허물들을 지우시던 주님의 사랑이셨다.

어느날 기도중 지난 날의 허물이 기억나 회개하였더니 "이놈아, 그것은 네가 기도원에 있을 때 내가 지워주지 않았느냐 그 일들은 잊어버려라." 하셨다.

깊은 사랑

표표히
나르고 싶었다
날개처럼.

고통도
부딪힘도 없는
자유와 더불어 누리는 삶

그러나 때로는
아파야 함을
삶속에서 배웠다.

그리고
그 아픔이 주는
사랑의 깊이를

시간과 더불어
배워왔다.

소망

소망이 없는 사람은 없다. 그러나 그 소망의 모습이 다각각이다. 그러나 크고 적음을 떠나 목표가 같으면 하나됨에 불편함이 없다.

그리고 쉽게 하나되는 힘도 있다.

그러나 같은 목적 같은 목표안에서도 서로에게 주는 아픔과 상처가 있기도 하다. 허무한 것들이 들어와 함께하기 때문이다.

그것들의 정체는 무형의 정체이다.

행위로 나타내기까지는 자기의 정체를 숨긴다.

그러나 우리가 오래 참고 기도하면 주님은 하나 둘 그것들을 제하여 주신다. 그래서 우리의 삶이 시간과 함께 가벼워지고 우리에게 상처를 주던 근원들을 제거해 주신다.

사십년을 부부로 살아온 여인을 어느날 제하여 주셨다.

그리고 또다른 단절들도 허락하여 주셨다.

그리고 거기까지 인내할 수 있는 힘을 주시는 주님의 사랑은 누구에게나 주시는 사랑이 아님도 깨닫게 하시었다. 그리고 그 인내의 아픔을 이김은 주님의 사랑의 증표임도 알았다.

주님만을 소망하는 삶 때로는 고독하고 힘들지 않을 수 없다.

소망

나의
힘들었던 날들의
땀위에
부어 주신
주님의 사랑

힘되고
날개되어

나
날게 하소서

주님의 나라
이를때까지

지움의 아픔

우리의 죄를 우리의 힘으로는 지울 수 없다.

그리고 우리의 죄가 아니었다면 주님께서 죽으실 이유도 없으셨다.

회개는 우리가 죄인임을 깨달음의 시작이지만 우리의 죄를 씻을 수는 없다.

우리의 회개위에 주님의 용서가 있어야 한다.

그 용서가 십자가 위에서의 주님의 죽으심이시다.

죄는 생명과는 관계없는 죽음의 화신이다.

죄로인한 하나님과의 단절이 없던 에덴의 삶은 날마다의 삶이 생명의 누림이었다.

죽음과는 관계없는 삶이었다.

우리의 삶에서 생명과 기쁨을 거두어간 그리고 하나님과의 단절인 죽음을 준 죄의 힘을 어디까지인가?

우리의 힘으로는 우리의 죄를 씻을 수 없기에 주님께서 우리 죄를 대신하여 십자가에서 죽으시기 수백년전 우리 죄를 지우시는 주님의 아픔을 이사야는 이렇게 쓰고 있다.

"우리가 아직 죄인 되었을 때에 그리스도께서 우리를 위하여 죽으심으로 하나님께서 우리에 대한 자기의 사랑을 확증하셨느니라"(롬 5:8)

지움의 아픔

때묻은 나
지우느라 울었다.

부끄러운 나
지우느라 울었다.

지움이 아팠어도
이기노라 울었다.

아,
그러나 나의 땀으로는
지울수 없음이여

아들아
내가 지우리라

주님의 말씀이셨다.

주님의 약속

　살면서 상처없는 삶은 없다.

　때로는 내것을 주고도 나의 땀을 쏟아 주고도 받는 상처도 있다.

　이런 상처의 지움을 세상의 방법에 맡기면 자칫 더 큰 상처를 부를 수도 있고 그 상처의 지움에 끝이 보장도 없다.

　돌아보면 부끄럽고 한스러워도 어쩔수 없는 일이기에 우리의 힘으로는 어쩔수 없는 곳에서 우리를 힘들게 한다.

　그런데 주님은 우리에게 놀라운 약속을 하신다.

　그 상처의 지움을 우리 스스로의 힘이 아닌 주님께 맡기라 하신다.

　그리고 우리를 힘들게 하는 자들에 대한 원수 갚음이 주님께 있음을 깨닫게 하신다.

　그러나 많은 사람들이 주님의 이 약속을 외면하다 더 큰 낭패를 당하기도 한다.

　내게도 나의 힘으로는 어쩔 수 없는 상처들이 나를 괴롭히며 힘들게 하였다.

　그러나 나의 힘으로는 어쩔수 없었기에 어느날부터 주님께 맡기며 살아왔다.

　그리고 상처의 깊은 곳 까지도 치료하시는 주님의 사랑에 감격한다.

주님의 사랑

통곡 쯤으로
지울 수 있다면
상처가 아니다.

나의 힘이
미치지
못하는 곳에서의
아,
아픔이여

나로서는
지울 수도
덮을 수도 없는데

지워주시네
주님의 사랑으로.

나를 잃은 삶

육의 양식만이 우리를 배부르게 하는줄 착각 하기도 한다.

우리는 영이 함께하는 존재임을 몰라서이다.

그러기에 육의 양식으로는 영의 기갈을 채울 수 없다.

그러나 수많은 사람들이 육의 배부름에 만족한다.

영은 죽은 것일까?

아니다. 육은 배부른데도 때로는 영의 기갈에 운다.

그러나 그 울음의 의미를 모른다.

그러기에 채움의 방법도 몰라 슬프다. 그래서

풍요의 이 시대 속에서도 우리는 영의 기갈에 운다.

그러나 이땅의 현란한 유혹이 영의 기갈을 막는다.

그리고 수많은 사람들이 죽음의 덫에 묶여 살아간다.

무릎을 꿇어라, 그리고 눈을 감으라. 그리고 깊은 곳에서

들려오는 주님의 음성에 귀를 기울이라.

죽었던 내가 살아 나리라.

사랑의 음성

보리죽 한그릇이
나를 지켜주던
어린날의 눈물이
가슴엔 아직인데

이시대의
풍요속에서도
때로는 운다.

나를 잃고울던
어느날

아들아
힘을 내라

주님의
음성이셨다.

다 잃은 줄 알았는데

신학원을 졸업하고 몇일후 주님은 나의 손을 쇠사슬로 묶으셨다. 나의 인격과 살아온 삶이 한꺼번에 무너지던 날의 아픔을 어떻게 표현할 길이 없다.

그저 슬펐었노라고 밖에….

큰 꿈은 아니었어도 이웃과 더불어 작은 베풂이라도 함께하며 살고픈 것이 꿈이었는데 참아 견딜 수 없는 충격이었다.

꿈이기를 바랐는데 그러나 꿈이 아님이 슬펐다.

그러나 그날의 힘들었음은 다 잃음의 고통이었는줄 이었어도

어느날 그날의 상처와 아픔이 지워져 가던 어느날

그날의 아픔은 다 잃음이 아닌 새로운 출발의 시작임을 알았다.

"생각하건대 현재의 고난은 장차 우리에게 나타날 영광과 비교할 수 없도다"(롬 8:18)

그래서 나는 이 성경 말씀을 좋아한다.

그러나 그 아픔의 상처를 딛고 새로운 생활로의 회복까지는 많은 날의 땀과 눈물이 있었다.

어느 분의 삶은 땀과 눈물 위에서 위대한 영광을 누리지만 많은 분들이 꿈의 정상에 이르지 못하고 꿈을 접기도 한다.

그래서 각인의 삶이 다르듯이 꿈이 같을 수 없으나 모두에게 없어서는 안될 한 가지의 꿈이 있다.

영원한 미래를 소망하는 영원한 꿈이다.

그리고 이 땅에서의 삶은 영원한 미래와 열쇠임을 알아 영원한 미래의 주인이요 생명이신 예수 안에서의 삶의 누림은 무엇과도 바꿀 수 없다.

새출발

다
잃은 줄 알았는데

새로운
출발이던 것을

한하고
긴 날
눈물 끝에

개달은
사랑이었다.

이제
사랑의 길을 가며
찬미여
노래여라

깊은 사랑

삶의 정의만큼 어려움도 없다.

부의 기준 행복의 기준 정의의 기준 등에 대한 각인의 생각이 같을 수 없기 때문이다.

그런데 우리의 상식과 과학을 뛰어넘은 하나님의 기준이었다.

남자만 오천명의 군중이 있었다.

그들에게 먹을 것을 주어야 하는데 의견이 분분하였다.

이백 데나리온으로 음식을 사다가 먹이리까 라고 말하기도 하였다.

그런데 주님은 오십명씩 백명씩 둘러 앉게 하신 후 보리떡 다섯 개와 물고기 두 마리로 모두를 배불리 먹이시고 남은 것이 열두광주리였다.

우리가 생각하는 상식으로는 주님을 생각함을 불가능하다.

이토록 무한하시고 전지전능하신 분이 때로는 우리를 헐벗게도 주리게도 아프게도 하신다.

어느날 주님께서 한 소경의 눈을 뜨게 하셨다.

그때 사람들이 물었다. 이 사람의 소경 되었음이 누구의 죄 때문이었습니까 라고.

주님의 대답이셨습니다. 이 사람의 죄도 그 누구의 죄 때문도 아니라 하셨습니다.

그리고 그 사람이 소경 되었음은 하나님의 영광을 드러내려 함이였다 하셨다.

우리에게 다가오는 때로의 주림도 추위도 아픔도 감사해야 함은 범사가 주님께로부터 오기 때문이다.

그러기에 범사에 감사하는 삶은 믿음이 성장해 가는 과정의 상징이다.

깊은 사랑

웃음만이
축복인줄
착각하지 말자.

때로는 눈물이
웃음보다 더한
주님의 사랑이심을
알아서 여라.

주님은 때로는
우리를
울게 하신다.

그리고
그 눈물속에서
웃음보다
귀한 것을
이루신다.

잊을 수 없는 시간들

여기까지 오는 동안 꿈같은 시간들이 많았다.

설명할 수 없는 시간들이었기에 묻어 두었다.

그리고 나만의 기쁨으로 간직하며 살아간다.

수많은 믿음의 사람들이 이 축복을 누리며 산다.

천국의 주인이기도 하신 주님이 우리를 사랑하시는

사람의 방법중의 하나이시다.

그래서 어느때는 그 황홀한 시간이 멈추지 않고 지속되기를
기도하기도 하였다.

부끄러운 탐욕인 듯 하여도 겪어보면 이해할 수 있다.

한두번이 아닌 많은 시간속에서 누린 황홀한 축복이었음을
고백한다.

그리고 어느날 주님의 나라에 이르면 그 황홀함의 기쁨이 날
마다 삶이리라 믿기에 행복하다.

황홀한 시간

꿈인가 하면서도
현실이기를 바랬다.
꿈이면
너무 허무할 것 같아서였다.

황홀한 시간에는
항상
그랬었다.

지금껏
누려온
그 꿈같았던
시간들을
다 쓸수 없어도

꿈같은 시간들
많았음을
고백한다.

돌아보는 여정

삶이 긴 듯 하여도 때로는 한순간이라 느껴질 때도 있다.
세월의 흐름이 빨라서이다.
그럴 때이면 더 줄 것을 더 사랑할 것을 하고 후회한다.
그러나 후회는 항상 지난 후의 일이라 아쉽다.
그러나 힘들었던 날 나를 지키노라. 애쓰던 나의 모습은 아픈
기억들로 남아 있어 때로는 나를 힘들게 한다.
그러나 주님이 진리이심을 깨닫고 울던 날의 감격은 내 삶의
무거운 전환이었다.
그리고 그날의 결심은 세상의 어떤 유혹에도 빛을 바래지 않
았다. 그리고 그 일은 너무도 당연하다 생각했다.
어느날부터 다 떠나고 혼자만의 자리에서 가진 것이 없어 힘
들고 고독하였다. 그래도 주님만 의지하며 살아왔다.
삶을 주관하시는 이는 주님이라 믿었기 때문이다.
그러나 왜일까 고독은 항상 내것처럼 느껴진다.
그래도 소망은 할수만 있다면 더 주고 싶다.
그리고 더 사랑하고 싶다.

돌아보는 삶

고개 하나
넘은 듯인데

나
어느새
늙었어라

그러나
나를 지키노라
울었던 시간들

그러나
그 아팠던
눈물까지도

주님의
사랑
이던 것을

속초에서 어느 날

고난의 날 기도원에서 탈출하듯 나와 속초에서 생활할 때였다.

때로는 필설로 다할 수 없는 주님의 사랑을 누리며 생활하고 있을 때 였다.

어느날 주님께서 기도하라 하셨다. 가정을 위한 특별한 기도였다.

방 한복판에서 무릎을 꿇었다.

기도중 잠시 눈을 떴다. 방안에 찬란한 빛이 넘치고 있었다. "눈을 감아라" 주님의 말씀이셨다.

천국의 음악이 들려 왔다.

지금도 그날의 황홀함을 잊을 수 없다.

꿈이 아닌가 하였다.

그러나 꿈이 아님이 기뻤다.

때로는 누리는 주님의 이 무한한 사랑들은 이땅에서 우리의 삶을 지키는 무한한 힘이 되어 준다.

빛으로 오신 주님

어느 날이었다.
"아들아 기도해라"

방 한복판에서
무릎을 꿇었다.

어쩌다
눈을 떴다.

찬란한 빛이
방안에 넘쳤다.
그리고
천국의 음악이
들려 왔다.

아,
그날의 감격을
잊을 수 없다.

속초 앞바다

미국을 다녀온 후 어느날 다시 속초를 찾았다.

힘들었어도 때로는 황홀한 경지에서 나를 기쁘게 하시든 주님의 사랑을 생각하면서 바닷가에서 시간을 보내고 있었다.

지나간 시간들이 꿈만 같았던 지금껏 내가 살아있음이 고마웠다. 주님께서 갑자기 말씀하셨다.

"아들아 이 바다도 내가 만들었단다"

왜 이런 말씀을 하실까 하고 의아하게 생각하고 있는데

"그러니 너의 삶도 내가 책임질 수 있단다."

라고 말씀 하셨다.

때로는 미래의 염려와도 씨름할 때여서 부끄러웠다.

주님께 맡긴다 하면서도 부끄럽게도 때로는 세상의 염려와 함께 하는 내가 부끄러웠다.

끝없이 펼쳐진 바다위에 몇척의 고깃배만 떠있는데 파도는 끊임없이 밀려와 부서졌다.

파도

너의 몸짓의 시작은
어디서 부터 일까
산맥처럼 밀려와
하얗게 부서지는 너

때로는 불타는 태양을 이고
어느날은 포효하는 광풍을 안고
칠흙의 밤에도
쉼이 없이 달려와
통곡처럼 부서져라

지구의 종말까지
오늘도 쉼을 모르는
구능같은
너의 몸짓이여
하얀 물보라로
끝없는 너의 산화여

수억년 너의 몸짓에
씻긴 바위에
오늘도 쉼이 없는
거대한 네 몸짓의 반복
파도는
오늘도 밀려와
부서지네

어리석은 사랑

사랑은 아무데나 베푸는 것이 아님을 알았다.

보상을 바란 베풂은 아니었어도 때로는 힘들여 사랑을 베풀었던 자리에 손을 내밀었으나 차갑게 거절당하였을 때의 아픔은 크다.

누구에게나 있을 법한 일이기는 하지만 특별히 사랑을 쏟은 자리였다면 그 상처는 오래 간다.

거기다 주지 않음보다 가슴을 후비는 칼끝같은 차가운 언어의 상처는 더 오래 남는다.

때로는 주릴 때 먹였고 방황할 때 채웠거늘 그리고 많은 날 위하여 기도하여 주었거늘….

주님은 우리에게 이웃을 내몸처럼 사랑하다 하셨는데 우리의 이웃은 누구일까?

아픔과 하는 갈등이 때로는 우리를 힘들게 한다.

어리석은 사랑

고양이 발톱보다
사나운 언어로
가슴을 후볐다.

그래도 침묵이
나를 지키는 무기여서
안으로만 울었다.

한때 주리던 날
밥을 주었고
추위에 떨 때
잠을 재웠고

긴 날을
위하여
기도하여 주었거늘
그
어리석은 사랑에도

주님의 뜻이
있으리라 믿기에
후회는 없어도
아픔은 남아있어
힘들게 한다.

지워지지 않는 얼굴

긴 말은 없었어도 우리는 서로 사랑함을 알고 있었다.

그리고 가까이 다가가 손 한번 잡아 본일 없었어도

먼훗날의 꿈도 꾸었었다.

그러나 그꿈이 못이룰 꿈일지도 모른다는 생각일때면 슬펐다.

꿈많던 소년의 시절 한 소녀를 사랑한 사랑 때문에 힘들었던 삶의 여정에서의 아픔이다.

어느 날이었다. 산의 정상에 올라 불꽃으로 타는 석양의 노을 앞에서 그날의 사랑 때문에 울었다.

한하고 오고가는 세월에 묻혀 지워져 가던 모습이 왜 이었을까 그날따라 선명한 모습으로 다가와 힘들게 하였다.

그리고 지워지지않는 모습이 불타는 석양의 노을만큼이나 가슴에 다가왔다.

노을 앞에서

노을이
불꽃으로 타는데

아득한
기억은
얼굴로 다가와

그리움의
아픔도
노을처럼
붉었어라

인내의 잔

주님께서 때로는 힘겨운 인내를 요구할 때도 있었다.

그럴 때이면 행여 나를 버리시지 않았나 하는 생각도 하였다.

그만큼 힘이 들었다.

그러던 어느날이었다. 울이나 실크도 물에 자유로이 세탁할 수 있는 세탁물 수축 방지제를 특허 받았다.

2000년 3월이었다.

수많은 날의 땀의 열매 였는데도 선뜻 실감이 나지 않았다.

그런데 주님은 또 잠시의 휴식도 없이 치료제와 미용제를 만들게 하였다.

참으로 힘든 시간이었다.

때로는 밤낮이 없이 계속 되는 일은 시간의 개념조차 없는 생활이었다. 그러나 조금씩의 진전은 나로하여금 지치지 않고 인내할 수 있는 힘을 주었다.

그러던 어느날 주님은 나에게 미완성의 단계에서 일을 멈추게 하셨다. 그리고 나에게도 평범한 삶의 자유를 주셨다. 그러나 그 아픔들 속에서도 주시던 수많은 말씀들은 지금을 살아가는데 힘과 지혜가 되어 주신다.

주님께서 주신 약속

주님께 들은 말씀
세상에 다 하면
터무니없는 소리라 하겠기에
가슴에 묻고
침묵하였다.

그러나
그 말씀들
이루시기까지
힘겨웠던 땀이여
어느때는
나도 나를
버리신줄 알았는데

이제
그 말씀 이루시고

나 이제

새로 열린
지평을 간다.

세상의 유혹

신앙안에서 다듬느라 노력은 하였지만 때로는 세상의 때묻은 유혹에 힘들 때도 있었다.

그리고 때로는 여인이 그리웠다. 그리고 때로는 폭주에 취해 잠들고 싶은 유혹도 있었다.

그리고 세상이 나를 두고 조소함에 대한 인내도 힘이 들었다.

그래도 주님은 나의 손을 꼭 잡아 주셨다.

그리고 때로는 다가오는 유혹의 손짓에도 이길 힘을 주셨다.

돌아보면 수많은 유혹이 나를 힘들게 하였음을 본다.

그리고 그날의 상처들이 나를 비웃는 듯 하여 괴롭다.

지금도 때로는 세상의 손짓이 나를 멈추게도 한다.

그러나 담담히 다가가 그들의 자리에 앉아 보기도 한다.

그런데 왜일까 그들은 나를 이방인 취급이다.

어제는 소주 한병을 다마셨다. 그리고 잠이 들었다.

자고 일어나는데 주님이 웃으셨다.

행복한 잠이었다.

나를 지키시는 주님

때로는
머물러서는 안될 곳에서
세상의 유혹이
나를 힘들게도 하였다.

육은 머물고도 싶은데
주님은 그때마다
이길 힘을 주셨다.

뒤돌아보는 길
여기 저기에서
아픔의 흔적들이
나를 조소한다.

그러나 오늘도
주님안에서 찬송이며
눈부신 태양이
빛을 발한다.

어머니의 젖

우리는 때로는 살아온 삶을 앓고 울기도 웃기도 한다.

세월속에 남기고 온 일들이 우리에게 주는 눈물이요 웃음이다.

열 살에 고아가 되어 허허로운 광야를 헤집고 오듯 살아온 나에게도 웃음이 있다.

나를 나으신 어머니는 병중이어서 나를 낳으시고도 젖을 주지 못하였다. 나는 동네 어른들의 젖을 먹으며 자랐다.

그중에서도 밤낮에 관계없이 나에게 젖을 주신 분이 있음을 성장 후에 알았다.

그러나 삶이 고단하여 특별한 보답을 못하였는데 어느날 아주머니께서 세상을 뜨셨다.

내게 있는 한 중의 하나이다. 그런데 잊혀지지 않는 일이 있다. 나는 초등학교에 다닐 때까지 어느날은 어머니의 젖을 만지고 먹기도 하였다.

그러나 젖은 한방울도 나오지 않을 때였다. 어머니의 젖을 먹어 보지 못한 한 때문이었는지도 모른다. 측은해 하시던 어머니의 모습을 잊을 수 없다.

눈물같은 웃음이 나를 아프게 한다.

힘들었던 날들

신학원 졸업과 함께 기도원에 갇혀있을 때였다.

20일 금식을 한지도 얼마 되지 않은 때였다.

나는 건강하다 외쳤어도 소용없었다. 때로는 나에게 수갑이 채워지기도 하였다.

감정은 폐허가 되었고 육식은 쇠약할대로 쇠약하여졌다. 그러나 화장실의 벽틈에 숨겨둔 주민증은 날마다 확인하곤 하였다. 어느날 그곳을 떠날 때는 없어서는 안되었기 때문이었다.

그러나 너무 벅차고 힘들어 꿈인가 하여 어느날은 벽에 머리를 부딪혀 보기도 하였다.

그러나 그런 나의 행동은 비정상인의 행동으로 비쳐 그로 인해 더 가혹한 제재가 가해졌다.

그러던 어느날 통곡하며 기도하였다.

주님, 저는 지옥은 갈 수 없습니다. 지옥은 가지 않게 하여 주옵소서. 세미한 음성이었다.

"아들아, 너는 내안에 있느니라"

내일에 대한 꿈이 살아나기 시작하였다.

주님께서 나를 지키심을 믿어서 였다.

너는 내 안에 있느니라

나의 외침도
몸부림도 공허했다.

죽고싶은데
허락지 않으셨다.

고독의
심연까지를
마셔야 했던 날들

밟히고
채이고
맞으며
타의에 의해
주려야 했던 날들

지옥은 갈 수 없다고
몸부림쳤더니

"아들아 너는
내안에 있느니라"

주님의 음성이었습니다.

5월의 찬가

생명이 있는 것들 마다
주님
주님의 사랑 없이는
호흡할 수 없음을 압니다.

공허한 듯 하나
저 무한 창공에도
무한한 생명들로
채워주심을 감사합니다.

나여
하늘을 우러러
감사함이여

산마다 들마다
봄의 축제인데
나도 5월의 꽃밭에서
향기에 취했어라

미래와 함께 하는 삶

살아가노라면 내힘으로는 감당하기 힘든 일이 길을 막기도 한다. 그런가 하면 때로는 예기치 않은 좋은 일이 있을 때도 있다.

그러기에 누구없이 미래를 예측하기는 어렵다.

삶이 나의 뜻대로 살아지는 것이라면 미래의 예측도 가능하겠지만….

성경은 이 이유에 대하여 다음과 같이 말씀하고 있다.

사람이 마음으로 자기 일을 계획할지라도 그 걸음을 인도하시는 이는 여호와 이시라고.

그러나 주님이 심어준 꿈을 쫓아 사는 삶은 다르다.

그 꿈이 현실화되기 까지는 힘들어도 그 꿈은 현실의 고난을 이기는 힘이 되기도 한다.

그러므로 꿈은 이루기까지는 무형의 존재이지만 꿈이 지닌 힘은 크고 위대하다.

성경은 이 꿈을 두고 이렇게 말하고 있다.

바라는 것들의 실상이요 보지 못하는 것들의 증거라고 그러므로 우리를 사랑하시는 주님은 우리를 꿈 없는 자로 버려두시지 않고 각인의 마음속에 꿈을 심어주신다.

그리하여 현실인 미래의 꿈과 함께 하는 삶을 주신다.

꿈

내일이 없는
오늘에
만족하는 삶은
슬프다

그러나
꿈과 함께 하는
땀이 있는 삶은
지칠줄을 모른다.

영롱한
미래와 함께 하는
꿈이
있기 때문이다.

교만과 겸손

나를 지키는데 교만만큼 큰 적도 없다. 교만은 더불어 가는데 가장 싫은 존재중의 하나이기 때문이다.

교만은 나만이 아닌 이웃도, 가장 싫어하는 것 중의 하나이다.

그리고 더불어 하나되게 하는데도 있어서는 안될 것 중의 하나이다. 그러기에 우리의 삶을 황폐케 하는 삶의 적이기도 하다.

그런데 왜일까 교만은 자칫 우리가 실족하여 빠지기 쉬운 수렁이다.

그러나 겸손은 나의 나됨의 모습이 타인에게 편안하게 한다. 그러기에 겸손이 다가와 만짐을 싫어하지 않는다.

그리고 베푸는 사랑에서 체온을 느낀다. 겸손이 지니고 있는 힘 때문이다.

그러나 교만은 잃은 후의 모습도 슬프다. 다가와 위로해 주는 자도, 더불어 울어주는 자도 슬퍼해 주는 자도 없다.

그래서 잃은 후의 자리에 다시 채움도 힘이 든다.

그러나 겸손은 다르다. 때로는 힘들지라도 잃은 후의 채움에 이웃의 도움을 받는다. 그리고 아픔과 눈물에 이웃이 위로하고 눈물을 닦아준다. 결국 교만은 삶을 폐허화하는 삶의 적인가 하면 겸손은 삶의 토양을 기름지게 하는 자양분이다.

교만과 겸손

생명의 자람은
항상
사랑하고
나를 낮춤의
겸손에서이다

거기에는
미움도
시기도
자리할 수 없다

그러나
메마른 땅에
우뚝선 모습

왠지
싫은 모습이다
교만이다

내일을 품은 삶

삶은 분명한 꿈과 목표가 있는 삶이어야 한다.
그러나 남의 삶을 모방하거나 꿈이 없는 허상의 삶도 있다.
가버린 시간을 되찾을 수 있는 것이 삶이라면 몰라도
가버린 시간은 내것이 아님을 몰라서인지도 모른다.
우리는 우리에게 주어진 삶의 시간을 모른다.
그러기에 삶은 더욱 엄숙할 수밖에 없거늘 자기의 꿈이 없이
살아감은 자기를 잃은 자기상실의 삶이 아닐 수 없다.
또한 자기만을 위한 삶에는 향기가 없다.
그리고 함께 누려야 할 기쁨도 함께 씨를 뿌려야 할 지경도
없다. 그러기에 자칫 나만을 고집하는 삶은 삶과 더불어 누려
야 할 기쁨을 잃는다.
그러나 내가 흘리는 땀에 이웃에 대한 배려와 애정이 있는 삶
은 다르다. 그 삶은 기쁨도 평안도 나만의 누림 보다는 이웃과
더불어 누림을 더 기뻐한다.
나는 우리의 삶이 기쁨도 평안도 이웃과 함께 누리며 나의 꿈
도 이웃의 꿈도 함께 이루는 삶이었으면 한다.

여명

때로는 지나는 이의 옷의 스치는것만도 고마웠다.

고독해서였다. 고독한 여정은 그렇게 힘들었다.

대화를 나눌 이웃이 없었고 다 떠나버린 공허한 자리에서 고독의 심연을 마시며 울기도 하였다.

왜 이옵니까 라고 한번쯤 묻고 싶었어도 참았다.

그러나 돌아보면 그날들을 인내하게 하신 주님의 사랑에 감사하지 않을 수 없다.

그렇게 침묵하며 오는 동안 고독은 나의 동반자가 되어 있었고 울음은 사치같이 안으로만 울었다.

그러면서 삶속에서 하나 둘 열매를 주시어 헛되지 않은 삶임을 믿고 인내하게 하셨다.

그래도 힘에 겨워 80의 고개 넘으며는 울었더니 그간의 사랑은 잊었느냐고 물으셨다.

때로는 벅찬 사랑의 감격에 울었어도 그러나 고독이 주는 무게 때문에 힘이 들었습니다.

그리고 때로는 그 짐을 이기고 살아온 힘이 내 힘인양 착각하며 살았음이 부끄러워도 주님 앞에서는 숨을 곳이 없음이 괴롭습니다.

땀의 능선이 여기까지만 이었으면 하는 바램과 함께 산을 넘고 강을 건너던 어느날은 광야의 한복판에서 울기도 하였다.

그러나 이제 땀의 여정의 말미에서 돌아봄이여 동이트는데 여명 앞에서 흐트러진 머리 다시 빗고 생명의 긴 호흡과 함께 새로이 열리는 지평을 향해 또 나선다.

여명 앞에서

때로는
걸음을 멈추고
울었다

힘들었던
여정에
흘린 땀이여

때로는
밤같은 날들 이기노라
울었어도

나 이제
밝아오는 새 아침
여명과 함께

새로 열린
지평을 간다

사랑과 자유

삶의 바쁜 걸음을 잠시 멈춘 휴식의 날 그것도 새벽의 미명에 우리의 심장에 총을 쏘았다.

그리고 조국의 산하를 피로 물들게한 만행은 사탄의 흉계가 아니고는 있을 수 없는 일이었다.

6.25 남침의 비극이다. 그리고 그들이 짓밟고 간 자리에선 어제의 이웃이 갑자기 칼을 들고 이웃의 심장을 겨누었다.

거기에는 있는 자의 누림이 없는 자의 한으로 남아있는 상처 때문이라 하였다. 그러나 지금도 우리의 삶의 현장에는 우리를 아프게 하는 상처가 허다하다. 그중에는 자신에게 사랑을 베푼 자리에 돌을 던져 갚음을 대신하는 비극도 있다.

그리고 나의 없음이 이웃의 있음 때문이라는 어리석음

그래서 앞서가는 이웃에게 돌을 던지는 것일까?

이웃의 앞섬이 때로는 사랑이 되어 내게 다가옴을 왜 모르는 것일까.

우리는 주님안에서 사랑의 삶을 배우는 지혜를 잃지 말자.

자유하는 삶은 사랑안에서이다.

나를 사랑하는만큼 이웃을 사랑하는 삶의 지혜 그리고 이안에서 누림은 기쁨을 누려본 자 많이 아는 기쁨이다.

사랑안에서 자유함을 누리는 삶, 이 삶은 우리가 주님안에서 이루어가는 삶의 성이어야 한다.

사랑과 자유

사랑을
잃으면
자유도 잃는다

사랑이 없는
다툼의 자리엔
자유가 없다

우리여
주님께 배우자
사랑의 삶을

사랑은
자유의 소중함도
알게 한다

나를 누리는 삶

자기 삶속에 자기가 없는 삶도 있다.

내 의지 나의 꿈 자신의 철학은 간곳 없고 남의 삶을 모방하거나 굴종의 삶을 살기 때문이다.

그리고 어느날 부터인가 자학의 포로가 되어 헤어나지 못하는 애처로운 삶도 있다.

그러나 내가 누구인지를 아는 사람은 자학의 수렁에 빠지거나 굴종의 삶을 살지 않는다.

그리고 학문이나 문벌쯤은 아무것도 아님도 안다.

하나님의 자녀임의 확증 때문이다.

이 확증은 세상의 그 무엇과도 비교할 수 없는 귀함의 실체이다. 한때는 죄의 노예 죽음의 노예였던 우리가 하나님 아들의 피를 값으로 지불하고 되찾은 신분이기 때문이다.

그리하여 한때는 지워졌던 하늘의 생명록에 우리의 이름이 다시 기록된 산 자의 존재이기 때문이다.

형제여 무지의 굴종에서 주님을 슬프게 하는 자학의 늪에서 벗어나자 우리는 하늘의 생명록에 우리의 이름이 기록된 하나님의 자녀로서의 지고한 존재이기 때문이다.

어느 날의 나

누군가가
물었다
너는 누구냐고

그리고 어느날
다시 물었다
너는 누구냐고

나는
하늘의 생명록에
나의 이름이 기록된
하나님의
자녀이다

예수 이름으로
명한다

마귀야 물러가라

삶과 땀

우리가 흘리는 삶속의 땀중에는 무모히 흘리는 땀도 있다.

땀은 꿈을 위하여 흘리는 땀 지혜와 함께 하는 땀이어야 한다.

그리고 다툼도 불필요한 서두름도 없이 주님이 주시는 자유 안에서 더불어 누리는 미래를 위한 땀이어야 한다.

그리고 삶이 소중할진대 시간의 소중함도 잊지 말자.

그러기에 우리의 삶이 미워하고 다툼이 아닌 사랑과 베품 안에서의 시간이었으면 한다.

그리고 꿈은 소중하나 사랑안에서 심은 꿈이어야 한다.

그리하여 우리를 이끌어가는 미래를 향한 우리의 삶이 건강한 생명 안에서의 호흡이요 걸음일진대 우리는 내일의 웃음의 주인공이 될 수 있다.

따뜻한 위로와 함께 하는 사랑의 삶 그리고 더불어 누리는 다툼이 없는 삶은 우리의 매일의 삶이어야 한다.

우리는 지고한 존재로서 하나님의 자녀가 아니던가

주님의 영광을 위한 지음의 존재일진대 삶속의 부끄러움은 우리의 적이 아닐 수 없다.

그러므로 우리의 날마다의 삶이 사랑의 탑을 쌓는 사랑의 삶이어야 한다.

삶

나의
매일의 삶이

무모한
날들이 아인

빛나는
내일을 위한
삶이었으면 한다

날마다의 땀이
헛되지 않아

심은 꿈
열매를 맺고

거둠의 날이
웃음이었으면 한다

나를 지키는 삶

마귀는 우리에게서 하찮은 분별력까지도 앗아가려 애쓰는가 하면 탐욕의 유혹으로 우리를 내몰아 우리로 하여금 탐욕의 노예가 되게 하려 애쓴다.

우리의 날마다의 삶이 기도를 멈추지 말아야 할 이유이기도 하다.

허다한 유혹 앞에서도 기도가 멈추지 않는 삶은 능히 이기려니와 기도를 멈추거나 방심하면 상처를 입는다.

주님은 우리의 기도의 응답으로 세상을 이기는 지혜를 주신다.

그리하여 우리의 삶이 주님께서 주시는 지혜로 무장하면 삶의 무거운 짐에서도 자유하는 기쁨을 누리며 살아간다.

그래서 성경은 우리에게 구하는 모든 것보다 먼저 지혜를 구하라 말씀하신다.

우리는 자칫 세상의 부가 권세가 지식과 학문이 우리를 지키는 힘인줄 착각한다. 그러나 허다한 세상의 방법과 세상이 주는 지혜는 하나님이 우리에게 주시는 지혜와는 비교가 안된다.

서두르지도 세상과 타협하지도 말자 먼저 주님께 기도하고 구하여 주시는 지혜와 응답으로 날마다의 삶이 승리하는 믿음의 사람이 되어야 한다.

지혜와 함께 하는 삶

연약한
나인듯이어도

주님이 주시는
지혜의 삶은

세상을 이김에
부족함이 없다

주님
나의 삶
기도의 쉽없게 하시고

날마다의 삶이
주님께서 주시는
지혜의 삶
되게 하소서

되찾은 자유

자유의 개념은 얽매이지 않는 것인 줄로만 생각한다.

그래서 타인과 외부의 간섭없는 누림으로 여긴다.

그러나 자유하기 위해서는 지켜야 할 의무들이 있다.

해야 하고 해서는 안되는 일들이다.

이 질서는 자유의 삶을 지키는 힘이다.

인간이 죄의 노예가 되어 죽음에서 자유할 수 없었음도

이 의무를 외면한 결과였다.

먹으면 결코 죽으리라는 하나님의 말씀을 무시하고 선악과를 먹음의 결과였다. 그러므로 자유는 하지말아야 하는 일을 하지 않는데서 부터이어야 한다.

그러나 주님께서 이천년전 이 땅에 오셔서 인간의 죄를 대신하여 죽으셨다.

그리하여 우리로 하여금 죄의 사슬 죽음의 노예에서 자유할 수 있게 하셨다.

그리고 이제는 죽음의 멍에를 벗어버리고 주님께 오라 하신다.

"수고하고 무거운 짐 진 자들아 다 내게로 오라 내가 너희를 쉬게 하리라"(마 11:28)

자유

진정
소중한 것은
외면하고

탐욕과 분노
시기와 질투…

생명과
관계없는 것들 때문에
힘들어 한다

우리는
언제부터
이 무거운 짐에서
자유할 수 있을까

고난이 주는 뜻

꿈이 꿈으로 끝나 버리면 그것은 꿈이 아니다.

꿈은 땀과 인내를 먹으며 자란 후에 반드시 상응한 열매를 맺는다. 그러기에 꿈이 없는 삶은 무위한 시간의 누림일 수 있다.

나를 지키기 위해서라도 나의 삶을 이끌어가는 꿈은 필요하다. 그리고 땀과 인내와 더불어 자라온 꿈이 어느날 놀라운 열매를 맺어 감격이 주는 환희와 함께 누리는 만족은 고난이 주는 의미를 우리로 하여금 깨닫게 한다.

내게도 주님이 심어준 꿈을 이루기까지 그 땀의 여정에서 많은 눈물이 있었다. 그러나 그 아픔 위에 돌을 던지며 웃던 자들, 그리고 조소하며 아픔을 주던 자들은 왜 이었을까?

그러나 멈춤은 실패이기 때문에 침묵하며 인내하였어도 그날의 상처들은 아픔으로 남아 나를 힘들게 한다.

때로는 밤같은 날들을 울며 슬펐던 시간들….

그러나 그 아픔들도 주님의 사랑이셨음을 땀을 닦으며 깨닫는다. 때로는 뜨거웠던 눈물속에서도 뜨거운 환희와 감격에 울었던 시간들… 80의 고개를 넘으며 감격의 무릎으로 손을 모은다.

여정

긴 여정의
땀 닦으며

흰머리이고
팔십의
고개 넘으며

주님의
사랑에
목이 메인다

주님
감사합니다

쓴 웃음

삶이 힘들어도 울지 못하고 울음을 대진하는 웃음이 있다.

쓴 웃음이다. 삶의 깊은 곳 까지를 체험하지 않고는 이 웃음의 의미를 잘 모른다.

그러나 이 아픔 위에도 돌을 던지는 자가 있다. 이는 약한 자가 누려야 하는 아픔이다.

그러나 사랑의 자리에는 아픔이 없다.

사랑은 주는 것이기 때문이다. 그러기에 사랑은 주님께서 우리에게 주시는 삶의 양식이요 힘이다.

이웃의 아픔에 함께 울어줄 수 있는 삶 우리를 지키는 힘임도 잊지 말자.

그리고 때로는 이웃에 대한 사랑의 기회가 가까운 곳에서 손짓하여도 기도가 없으면 보이지 않을 수 있다.

하루의 출발이 기도이어야 하고 날마다의 삶이 주님의 사랑안에서 사랑의 삶이었으면 한다.

살면서 깨닫는다. 용서만큼 위대한 사랑도 없다고
그러나 나만의 힘으로는 불가능한 용서가 있음도….

삶의 고백

날마다의 삶이
나만을 위한 땀이라면
부끄러운 일이다

그리고 이는
우리의 삶이
죄인임을 고백하는
부끄러움이다

나를 사랑 한다면서

뜻없는 자리에
나를 버려두려 한다

이땅의 삶이
유한함을 몰라서 이다

때로는
눈물이 아니고는
땀이 아니고는
알 수 없는 일이 있다

그 시간의 땀의 눈물이
귀함을 암도

그 아픔의
사랑 안에서 이다

성경은 지혜의 귀함을 두고 구하는 모든 것 보다 지혜를 먼저

구하라 한다.

지혜는 항상 나를 지키는 버팀목이 되어준다.

지혜는 한사코 불의와의 타협을 거부한다.

지혜는 내게 오는 기회를 잃지 않게 한다.

지혜는 무위한 땀을 흘리지 않게 한다.

지혜는 주님께서 우리에게 주시는 가장 귀한 선물중의 하나이다.

지혜가 요구하는 땀은 결코 무위 하지 않다.

삶이 자유를 누리기 위해서는 지혜의 도움이 필요하다.

지혜의 원천은 주님이시다.

그러므로 지혜는 무한하다.

사랑은 언어의 유희가 아니다.

사랑의 극치를 보여 주심은 십자가 위해서 인류를

사랑하신 주님의 사랑 이시다.

삶이 폐허 위에서도 주님의 손을 놓지 않으면

그 폐허는 새로운 삶의 시작일 뿐이다.

삶이 힘들면 운다.

더 힘들면 죽음을 생각한다.

그러나 죽고 싶어도 죽을 수 없는 곳이 있다. 지옥이다.

시작이 있으면 끝이 있다.
그러나 시작은 있어도 끝이 없는 것이 있다. 사랑이다.
사랑의 분량은 무한하기 때문이다.

나는 누구인가?
내가 나를 묻고 싶으면 물으라
주님 나는 누구입니까?
"내가 너를 지었느니라"

이땅의 삶이 귀함을 알자
유한한 이땅의 삶이 영원한 미래를 좌우하기 때문이다.

주님도 용서 못하는 죄가 있다.
지옥은 그 죄 때문이다.

이웃을 사랑하는 일 그리 쉽지 않다.
그러나 그 아픔을 이기면 승리한다.

삶이 미움의 노예라면
슬프지 않은가

항상 내일이 있으리란 생각은 착각이다.
내일이 없는 날이 있다.

자신을 자학함은 슬픈 일이다.
하늘아래 나는 제일임을 몰라서이다.

울면서 이기었다.
위대한 승리이다.

감사의 열매는 크다.
그러나 미움의 열매는 없다.

잃어버린 사랑

자기의 존재함이 우연의 존재인줄 착각하기도 한다.
그리고 세상의 논리중 하나인 진화의 존재인 줄도….
만물중에는 우연의 존재도 진화의 존재도 없다.
만유의 존재는 하나님과의 관계에서 부터이다.
지은 분이 하나님이시기 때문이다.
그런데 하나님께서 우리를 지으심이 사랑때문이셨음이 우리
를 기쁘게 한다.

"내 이름으로 불려지는 모든 자 곧 내가 내 영광을 위하여 창
조한 자를 오게 하라 그를 내가 지었고 그를 내가 만들었느니
라"(사 43:7)

그런데 이를 부인하는 자도 있다.
우연의 존재이니 진화의 존재이니 하고이다.
이 속임에서 언제 까지인가?
전도는 먼저 믿은 자의 의무임을 잊지 말자.

사랑의 힘

남을 속이고
때로는 핍박하며
나를 위한
삶이라 한다

나는 이미
거짓의 노예가 되었고
사단의
모습이 되었거늘
이것을 두고
나를 위한 삶이란다

사랑안에
나를 지키라

나를 지키는 힘은
사랑이다

땀

땀이 없는 삶에서는 구할 것이 없다.

땀은 나를 나되게 하는 삶의 귀한 밑거름이다.

땀을 통하여 삶속에서 얻는 다양한 보물속에는 우리를 기쁘게 하는 무수한 것들이 존재한다.

그러나 가증하게도 타인의 땀의 열매를 누리며 변명을 늘어놓음을 보기도 한다.

도둑의 경지를 넘어선 죄악이 아닐 수 없다.

힘겨운 중에서도 때로는 이웃을 위해 흘린 땀이 어느날 나의 방패가 되어 있음을 보기도 한다.

땀이 없는 삶을 누리며 내가 나를 사랑한다 함은 거짓이다.

조국을 위한 땀도 이웃을 위한 땀도 결국 나를 위함이다.

때로는 부딪힘속에서도 서로에게 사랑을 나누는 삶

이는 주님께서 우리에게 베푸시는 무한한 사랑중의 하나이기도 하다.

그리고 때로는 미움도 극복하고 이웃을 사랑하는 땀은 서로를 지키는 위대한 삶의 힘이 아닐 수 없다.

삶의 궁극의 목표는 진리 안에서
나를 지키는 일이다.

죽음이 나를 덮친들 그게 무슨 상관인가?
나는 이미 천국의 시민이 되어 있기 때문이다.
"나를 믿는 자는 죽어도 살겠고 무릇 살아서 나를 믿는 자는
영원히 죽지 아니하리라"(요 11:25)

삶의 위대한 열매는 만인의 기쁨이기도 하다.

위대한 말에는
위대한 힘도 함께 한다

날마다의 삶에는 새로운 의미가 부여된다.

자유는 왜 소중한가
자유를 잃은 자에게 물으라.

거짓의 삶은
나 자신에 대한 자학이다.

지혜로운 자는
자기 자랑에 파묻히는 우를 범하지 않는다.

타인의 인내의 땀을 경히 여기는 자가 있다.
삶의 깊은 곳을 보지 않기 때문이다.

타인의 선동에 이끌려 주관없는 삶을 살다가
어느날 깨닫고 허둥대는 모습을 보기도 한다.
오늘도 새벽의 침묵속에서 주님의 음성에 귀를 기울인다.
나를 지키기 위한 땀이다.

어느날 누군가가 떠나버린 자리가 너무 커서
힘들 때가 있다. 그러나 한하고 힘들게 하던 자가
떠난 후의 평안이 나의 어깨를 가볍게 한다.
나는 내 이웃에게 어떤 존재인가?

내가 누구인가를 알게 되면 내가 얼마나 소중한 존재인가를 깨닫게 된다.

나는 죄로 인하여 죽어야 하는데 하나님 아들 예수께서

나를 대신하여 죽으셨다.

그러므로 나는 주님의 피값의 존재이다.

성령님의 도움 없이는 알 수 없는 이 무섭고 힘겨움 앞에서도

우리의 삶은 자주 고개를 들려한다.

부끄러운 일이다.

주님!

나의 나됨이 주님의 사랑이심을 잊지 않게 하소서!

진리의 생명은 불변이다.

모습을 바꾸는 것은 진리가 아니다.

잃는 것과 버리는 것은 다르다.

버릴 것을 버리는 용기는 아무에게나 있는 것은 아니다.

삶과 유혹

때로는
허무한 것들이
길인양 이다

목표가 없는 삶은
허다히 속는다

그리고
인내의 어느 날에사
땀도 아픔도
사랑이셨음을 깨닫는다

주님의 사랑의
오묘하심이다

유혹

여기까지 오는동안 생명과 관계없는 것들의 유혹이 허다했다.

고독의 노정에서 이기노라 힘이 들었다.

그러나 주님의 사랑은 항상 나로하여금 이길 힘을 주셨다.

그러나 지금도 탐욕은 분별없이 우리를 힘들게 한다.

많은 시간 땀흘려 쌓은 삶의 탑이 자칫 한순간의

유혹에 무너질 수도 있기에 우리의 기도는 멈추어서는 안된다.

인류에게 죽음을 가져온 비극도 탐욕 때문이었다.

그런데도 탐욕의 노예가 되어 그 사슬에서 벗어나기를 거부하는 삶도 있다.

지금의 나는 어디에 서 있는 것일까?

잘못된 허울에 묶여 있지나 않았나 돌아 본다.

그리고 기도한다. 주님께 맡기는 삶안에서

지혜로운 내가 되게 해달라고….

탐욕과 꿈을 분별하지 못하면 그 삶은 허물어진다.

꿈은 삶을 빛나게 하여도 탐욕은 삶을 짓밟는다.

고독

다 떠나버린 자리는
공허했다.

고독의 폐허위에서
침묵은 나를 삼키려 하였고

날마다의 삶은
웃음도 삼켜 버렸다

돌아보는 삶은
울음같아도

나를 지켜주신
주님의 사랑에 감격한다

"나의 영혼이 잠잠히 하나님만 바람이여 나의 구원이 그에게
서 나오는도다"(시 62:1)

잠시 누리다 가는 삶 어찌보면 나그네의 여정인데
있어서는 안될 것들 까지도 취하노라 야단이다.
주님!
나 영원한 나의 집에 이를 때까지 지혜롭게 살게 하옵시고 생
명과 관계없는 것들에 눈팔지 않게 하소서.
때로는 힘든 이웃이 나의 땀을 요구할 때 외면하지 않는 용기
와 힘도 주옵소서. 나의 삶 지키는 기도 쉬지 않게 하옵시고 주
님의 사랑에 날마다 감사함을 잊지 않게 하소서.

가버린 시간은 되찾을 수 없다는 시간의 엄숙함이 주는 의미
는 우리에게 주는 교훈이 크다.
그러므로 날마다의 삶을 돌아보는 지혜는 크다 하겠다.

품위를 지키며 누리는 삶은 부딪힘을 피해간다.
또한 불필요한 긴장이나 불필요한 다툼에서 나를 지킨다.

건강한 부

피의 순환이 멈추면 육체의 생명도 끝이다.

돈이 없으면 살아갈 힘을 잃는다.

그러기에 삶속에 돈은 육체의 피와 같은 존재이기도 하다.

그러나 때로는 돈이 삶을 병들게도 무너지게도 한다.

살아가는데 돈은 없어서는 안되는 필요의 수단이요 힘이어도 쓰임이 정의롭고 지혜로워야 함을 보여준다.

그러기에 부는 축적도 쓰임도 방법에 따라 다른 결과를 가져 온다.

그러므로 건강의 땀의 소득은 건강한 삶을 유지하는 힘임을 잊지 않는 것이 지혜이다.

파도의 몸부림이 없으면 바다는 죽는다.

아픔이 없는 삶도 마찬가지다.

때로는 고난도 삶을 이기는 수단이요 힘이다.

삼십년의 긴 여정과 숙제를 마치며 2022년을 보낸다.

무거운 짐이었다. 그런데 왜 일까?

무엇인가를 빼앗긴듯한 느낌이다.

붙들고 힘들었던 일을 마친 후의 느낌이 이러리 라고 미쳐 생각해 본 일이 없다.

남은 날의 나의 삶도 무위함이 아닌 땀의 열매가 있는 삶이었으면 한다.

주님!

남은 날도 나의 삶이 뜻있는 삶 되게 하소서!

고독을 이기는 삶은 주님을 의지하는 삶이다.

눈물과 아픔을 이기는 삶도 마찬가지다.

나를 지으신 분에게 나의 삶을 의지하고 맡기는 일

이것은 우주의 법칙이다.

남을 조롱하듯 남을 비웃는 것을 본다.

인간이 해서는 안될 수치요 부끄럼이다.

네가 하였으니 나도 할 수 있다
이것은 오만이 아닌 무지이다.

대단한 열매를 거두고도 침묵하는 자가 있다.
그 삶은 열매보다 무거운 삶이다.

버려야 할 것 까지도 붙들고 힘들어 함을 본다
탐욕을 뛰어 넘어 무지의 수치이다
지혜로운 삶은 버려야할 것은 버릴 줄 아는 용기도 함께 한다.

우리의 삶은 어디까지의 분투이어야 할까?
분명한 목표가 있다.
하늘의 생명록에우리의 이름이 새겨질 때까지이다.

한하고 가버린 시간속의 일인데도 잊혀지지 않는
추억이 기쁘게 할 때가 있다.
그 기쁨속에는 항상 사랑이 함께 한다
사랑의 위대한 힘이다.

나는 건강한데 아니라 하였다.

외면한채 지나쳤다.
나는 내몰리듯 광야에 이르렀다.
슬프고 고독 하였다.
그러나 주님께서 심어주신 꿈은 지워지지 않았다.
삼십년의 긴 여정이었다.
땀도 눈물도 다 쏟은 어느 날이었다.

"아들아 이젠 짐을 챙겨라"
주님의 말씀이셨다.
무심코 머리를 들고 앞을 보았다.
푸른 산야가 보이기 시작하였다.

나는 새벽을 아끼고 사랑한다.
호흡의 소리도 방해가 되는 새벽의 기도가 좋아서 이다.
그러나 이 시간의 기도는 소원도 간구도 아니다.
주님의 말씀을 들을 뿐이다.

위대한 삶

어쩌다 고향인 진도를 갈때면 해남과 진도를 연결하는 진도 대교를 건넌다.

목포앞을 밀치고 니아와 거세게 밀려오는 파도의 모습도 장관이지만 대교앞에 우뚝 서 있는 이순신장군의 동상을 볼때면 감회가 새롭다.

하나님께서 우리 민족을 얼마나 사랑하셨기에 저토록 위대한 장군을 주셨을까 하는 생각이다.

조국을 위해 땀과 피를 흘린 수많은 인재가 있다.

그러나 나라를 사랑한 일념위에 그 무엇도 두지 않았던 장군의 애국은 너무도 눈물겹다.

울지 않을 수 없다
나라를 위한
그 벅찬 사랑 때문이다

한 인간의 삶이
어디까지 위대할 수 있나
보여주신 삶이었다.

나의 이름은 사랑이다

나의 이름은 사랑이다
나의 가는 곳 마다는 기쁨이요

나는 주면서 누리는
기쁨으로 산다

나는 폐허 위에서도
생명의 싹이 나게 하고

좌절의 늪에도
삶의 힘을 공급한다

웃음이 없는 곳에
웃음이 있게 하고
미움은 할 수 없는 일을 한다

나의 이름은
사랑이다

길

내 땀으로
내 힘으로
사는 줄이었다

그러던 어느날
길이 없어 울었다

하나님은 어느날
중동의 사막으로
나를 이끌어 갔다

그리고 어느날
말씀이셨다
"내가 길이니라"

나의 삶
이길에서 나를 지키는
몸부림이다

거짓을 두고 아무리 변명해도
거짓은 거짓이다.

그러나 그 실수 앞에서도 용기 있는 아픔의 고백과 새로운 삶은 흔히 볼 수 있는 용기가 아니다.

사는 동안 새로운 유혹이 있을지라도 그날의 아픔은 새롭게 다가오는 유혹을 이기는 힘이 된다.

사랑의 매는 때리는 자도 아프다.

나를 돌아보는 시간은 대개 침묵이 함께 한다.

미움을 이기는 용서는 아픔이 없이는 불가능하다.

다 이룬 후에도 다시 돌아보는 지혜는 훌륭하다.

조국

고향이 없는 분도 있다.

부모의 삶이 떠도는 삶이면 자식은 고향이 없기 마련이다.

그렇다고 살아가는데 고향이 있는 분들과의 차별이나 불이익이 있는 것은 아니다.

그러나 조국은 다르다. 조국이 없는 분들의 슬픔은 다 헤아릴 수가 없다.

이는 역사가 말해주는 아픔이요 비극이다.

어느날 영상을 통하여 본 일이다. 조국을 떠나 이민하면서 출국전 공항에서 기자에게 조국에 대한 섭섭함을 털어 놓음을 보았다.

젊은 여인이었다. 내용은 가족이 겪은 일 때문이었다.

그러나 그 대상은 어느 단체나 개인일 수는 있어도 국가는 아니었다. 조국의 소중함을 무시해 버리는 그 모습을 보며 슬펐다.

남은 생을 그 감정 대로만 살아가질까? 행여 어느날 자신의 행동에 뉘우침이 왔을 때 그 수치심을 어떻게 감당하려는 것일까?

조국!

조국은 나를 지키는 마지막의 보루임을 부인하는 삶도 있음이 슬펐다.

무한한 사랑

우주가 존재함은 우주보다 더 큰 분이 계신다는 뜻이다.

우주가 무한 할진대 지으신 분이야….

그안에 보잘 것 없는 나인듯 인데 우주를 지으신 분이 우리에게 이렇게 말씀 하셨다.

당신을 두고 "하늘에 계신 나의 아버지…" 라고 부르라 하셨다.

우리는 만유를 지으신 분의 자녀이다. 거부하는 이도 있다.

그리고 우리의 죄를 대신하여 죽으시러 오실 때에는 우리와 같은 육신의 모습으로 오시었다.

그런데 사람들은 주님의 그 죽으심까지도 하나님 앞에 죄를 짓고 형벌을 받는다 하였다.

우리여!

때로는 삶이 힘들어도 인내하자 그리고 감사하자

땀도 아픔도 사랑임을 알고….

때로는 삶의 곤고함이 삶의 깊은 곳을 보게 한다

사단은 끊임없이 우리로 하여금 미움의 노예가 되게 하려 한다.

때로는 용서하고 싶은데도 용서할 힘이 없을 때가 있었다.

그래서 드린 기도였다. 저에게 용서할 힘이 없습니다.

저에게 용서할 힘을 주옵소서.

주님안에서 날마다의 누림이 얼마나 큰 축복인가를 깨닫는다.

한번의 호흡도 주님의 사랑 아니면 불가능함을 알아서 이다.

우리는 왜 이토록 무한한 사랑을 받는 것일까?

어리석은 질문 같아도 끝없는 의문이 아닐 수 없다.

그러나 두렵고 무서운 명령 앞에서는 숨이 막힌다.

우리에게 죄 지은 자를 용서함같이 우리 죄를 용서하여 주시라고 기도하라 하신 명령 앞에서이다.

그리고 이 명령 앞에 서면 우리의 삶은 온통 죄뿐임을 깨닫는다.

일상의 대화도 무대에서 외치는 대사 만큼이나 감동을 주는 분을 보기도 한다. 그리고 평소의 삶도 지극히 다듬어졌음을 볼 때면 너무 감동한다.

부끄럽지만 나를 돌아보는 기회 이기도 하다.

그러나 때로는 한줌도 안되는 탐욕 때문에 힘들었던 나의 모습을 보고 부끄러울 때도 있었다.

나의 남은 날은 어디까지인가?

무익한 탐욕에서 나를 지키며 자유하고 싶다.

주님!

나 남은 날 탐욕의 유혹에서 자유하게 하옵소서
그리고 사랑의 삶 누리게 하옵소서!

힘들어 하는 이웃의 눈물 앞에서 함께 울때도 있었다.
그러나 나의 삶은 함께 울 자가 없어 슬펐다.

때로는 주어도 아깝지 않을 때가 있다.
사랑의 힘이다.

눈물

삶이 힘이 들면 운다.

너무 기뻐도 운다. 그러기에 눈물은 슬픔과 기쁨의 상징이다.

내가 성령세례를 받고 방언은사를 받은 날의 눈물은 내가 지금까지 살아오면서 체험하지 못한 감격의 눈물이었다.

나는 그 시간 한동안 의식을 잃었다.

그리고 의식을 되찾고는 감격을 주체못해 성전을 뛰어나가 동산으로 갔다.

수목이 돌들이 주님을 찬양하고 있었다.

나는 자연의 그 신비에 대해 설명할 힘이 없다.

말문이 막혔다.

내 몸을 성전 삼고 주님께서 성령으로 내게 오시는 날의 감격은 지금도 식을 줄을 모른다.

가슴은
불꽃으로 타는데

영혼은
천국의

한복판을 가고 있었다.

그날의 감격이여!
잊을 수 없음이여!

삶의 동이 트던 날

1992년 12월 3일 4년의 땀 끝에 신학원을 졸업하고 며칠 후 주님은 나를 기도원에 가두시고 때로는 사슬로 묵으셨다.

그리고 때로는 타의에 의한 금식도 하게 하셨다.

그러나 힘들었던 그날의 상황들에 대한 설명은 나의 지혜로는 불가능하다.

힘들어 죽고싶은데 주님은 죽음도 허락지 않으셨다.

그 죽음같은 시간속에서도 나는 인내하였고 이듬해 10월 7일 미국행 비행기를 타기까지의 나의 삶은 어찌 보면 신비하였다. 그러나 왜 나에게 그런 일이 다가왔는지를 알 수 없었다.

나는 건강한데 세상은 아니었다.

그런데 그 아픔안에서 신비한 진리를 깨달았다.

내가 아무리 건강해도 주님께서 아프다 하면 아픈 것이요

세상 모두가 나를 대적해도 주님께서 나의 편이면

세상 모두가 나를 대적해도 능히 이기고도 남음이 있음을 알았다.

그날에 나를 버린 자들을 지금도 가끔 만난다.

부끄러워서일까 허다한 수다로 그날의 그림자를 덮으려 한다.

그리고 그중에는 혈육의 피를 나눈 형제로이다.

기도의 힘

삶이 때로는 힘이 든다.

함께 짐을 지고 가자던 부부의 약속이 친구의 우정이 어느날 쉽게 무너진다.

그리고 급기야는 적이 되기도 한다.

그리고 창을 겨눈다. 그 근처에는 무서운 탐욕이 무섭도록 자리하고 있다.

이것들은 타협을 싫어한다. 사랑과 용서가 없다.

그리고 급기야는 피흘림의 자리까지 가게 한다.

그러나 우리에게는 삶의 이 깊은 곳 까지를 볼 수 있는 눈이 없다.

기도의 도움없이는 피해갈 수도 이길 수도 없다.

우리의 삶이 이같은 함정에 빠지지 않고 건강한 삶을 누리기 위해서는 기도는 멈추어서는 안됨의 이유이다.

놀라지 말라 내가 하나님의 자녀임을 믿는 믿음보다 더 위대한 힘은 없다.

새해를 맞으며

2022년이 저무는데
살아온 한 해를 돌아보며
이 해도
파도가 심한 날은
가벼운 날도

주님께 맡깁니다
기도 한다

그리고
이기는 힘도
지혜도 주소서

날마다 이기는 삶은
내가 살아 있음의 영광이다.

우리는 일상속에서 생각보다
행동이 먼저일 때가 있다.

그리고 후회한다.

나를 지키는 노력이
땀보다 진할 때가 있다.

미혹의 추파가 사랑인양 이어도
기도는 분별의 지혜를 준다.

버려야 할 것을 버리는 일도
기도가 없이는 힘이 든다.

하나님의 전지 전능 하심을
우리의 이성으로 이해함을 불가능하다.

삶이 이땅의 것이 전부라면
나는 만물중 가장 불행한 존재이다.

생존의 장

생존의 장이 치열하리만큼 처절하다.

타인의 누려야 하는 영역까지도 짓밟는 것은 예사이다.

그것이 승자의 모습으로 박수를 받기도 한다.

밟히는 자의 항변같은 것은 아무것도 아니다.

어쩌면 역사는 이같은 비극의 연속인지도 모른다.

그리고 밟힘과 피흘림의 상처는 다음 세대의 아픔으로 까지 이어진다.

우리의 삶은 이런 아픔속에서 나를 위한 투쟁임도 부인할 수 없다.

이런 우리를 향하여 주님은 말씀하신다.

"수고하고 무거운 짐진 자들아 다 내게로 오라 내가 너희를 쉬게 하리라"

남의 허물 앞에서 나를 돌아보는
지혜는 아름답다.

때로는 다 잃은듯한 절망의 벽 앞에 서기도 한다.
그러나 그 아픔이 새로운 시작일 수도 있다.

주님께서 우리를 다듬는 방법은
아픔을 통해서이다.

사랑은 베풀고 샀을 요구하지 않는다.
그러나 받는 자는 잊지 않는다.

가난을 수치인양 착각하지 말자
주님의 뜻일 수도 있다.

꿈은 무형의 존재일 때부터
우리에게 힘을 준다.

나를 사랑하는 삶은
주님안에서 나를 지키는 삶이다.

기도

한이 맺힐 악한 말을 하고도 자유하려 한다면 그것은 무지이다.

가벼운 상처인 듯 이면서도 오래가는 상처가 있다.

악한 말이 주는 상처도 그 상처의 골이 깊음을 잊지 말자.

우리는 악한 말을 철없이 내뱉은 경우를 가끔 본다.

또한 평범한 말인듯인데 그안에 아픈 가시를 품고 있는 말도 있다.

그리고 그것이 마치 지혜인양 착각하는 모습을 보기도 한다.

그러나 지혜는 다르다. 지혜는 지극히 짧은 한마디 속에도 깊은 사랑을 품는다.

그리고 지혜 있는 자는 이런 말을 아끼지 않는다.

삶은 유한한대 왜일까? 굳이 아픔을 주려 함을….

오염된 언어가 우리의 삶을 헤집고 다니며 우리를 괴롭힌다.

그러나 기도는 이것들의 접근을 허락지 않는다.

부르짖는 기도만이 기도일까 아니다.

조용히 주님을 보고만 있음도 위대한 기도임을 잊지 말자.

그렇다면 우리는 삶속에서 많은 시간 기도를 할 수 있다.

악한 말은 언제인가는 자기가 마셔야 할
독이 되어 돌아온다.

때로는 사랑하는 자가 손만 잡아 주어도 힘을 얻는다.

사랑의 힘이다.

내일은 오늘보다 나으리라는 꿈은
누구에게나 있어야할 꿈이다.

타인에게 보이기 위한 노력은 허상이다.

드러나지 않는 위대한 삶도 있다.
그리고 위대한 삶은 자기 자랑을 모른다.

말이 지닌 힘을 가볍게 여기는 자는 그 언행이 심히 가볍다.
말은 말마다에 지닌 힘이 있음을 몰라서이다.

누구에게나 꿈을 이루어 가는데는 훼방꾼도 있다.
그러나 그보다 큰 적은 내안의 두려움이다.

삶

날마다의 삶이 새롭다는 느낌이다.

주님 안에서 내가 살아 있음의 감격 때문이다.

그러나 때로는 밀폐된 공간에서의 숨막히는듯한 고독도 있다.

그리고 때로는 조소와 핍박이 힘들게도 한다.

그중에는 웃음으로 다가온 자도 있다.

그러나 꿈은 버릴 수 없어 긴 시간의 기도로 인내한다.

그리고 힘들어도 드리는 기도가 있다.

주님 나를 아프게 한 자들도 미워하지 않게 하소서 라고

80을 넘으면서는 이제는 세월의 욕심도 거두게 하소서 라고
기도하다도 아직도 수많은 바램이 주마등처럼 스치고 지날 때
이면 멈추곤 한다…

마치 삶이 내힘으로 인양….

그래도 주님은 나의 마음을 아시리라 믿기에 평안하다.

고난이 삶에 주는 도움을 다 쓸 수는 없다.

우리는 고난을 통하여 이기는 힘도 지혜도 터득한다.

때로는 기도의 무응답이
주님의 사랑 때문이었음을 깨닫는다.

그리고 그 깨달음까지는 믿음이 자란 후의 어느 날이었다.

자기 자랑에 취한 삶은 술에 취한 삶과 다를바 없다.
사물을 바르게 보는 힘도 잃었기 때문이다.

허다한 유혹에도 자기를 지키는 힘은
땀이 없는 삶에서는 보기 어렵다.

풀도 밟히면 자란 풀이 건강함을 아는 지혜는 크다.

깊은 사랑은 떠들지 않아도
자기 모습을 드러 낸다.

위대한 언어는
많은 사람을 움직이는 힘을 가지고 있다.

상처

돌을 던지며
아프게 하던 자들

이제는
왜 이었냐고
묻고 싶은데
보이지 않네

그러나
상처여
지워지지 않음이
슬퍼라

삶의 위대함

자기 자랑에 취해 살다가 끝나는 삶도 있다.

의무도 책임도 질서도 없는 삶 자랑의 실체이다.

우리는 존재하는 시간부터 존재의 의무를 않고 있음을 몰라서이다.

그렇지 않다면 삶은 문의미한 누림일 수 있다.

그런 무의미한 존재를 하나님의 지으실리 없다.

성경은 우리를 위하여 만유를 창조하셨고 그위에

주님의 영광으로 우리를 지으셨다고 말씀하고 있다.

그리고 죄로인해 죽어야 할 우리 죄를 대신하여 죽으셨다.

말로 다할 수 없는 이 엄숙함은 때로는 우리의 숨을 막히게 한다.

그리고 때로는 힘이 들어도 전지 전능하신 하나님을 믿는 믿음안에서

때로는 상상을 초월한 신비한 방법으로 도우시는 사랑을 체험하며 감격한다.

그리고 그 신비한 체험들은 살아가는데 두고 두고 힘이 되어준다.

놀라운 사랑 이시다.

영원한 약속

1992년 12월 어느날 주님은 왜 나에게 낙원을 보여주시고 지옥을 보여 주셨을까?

그리고 30년이 지난 어느날 말씀 하셨다.

"아들아 천국의 아름다움은 인간의 이성으로는 상상할 수 없도록 아름답단다" 라고.

수백 개의 채널에서 24시간 세상의 정보가 쏟아지는데 내가 떠든다고 믿을까?

그러나 보여주셨음은 뜻이 있어서 이리라 믿기에 때로는 그날의 감격을 털어놓곤 한다.

그 끝없는 흰장미의 꽃밭과 잔디 위를 몇 마리의 양무리와 거니시는 주님의 모습을 잊을 수 없다.

나는 오늘도 주님께서 나를 위하여 예비하신 천국을 향해 가고 있음을 잊지 않는다.

주님!

이땅의 유혹이 결코 나를 이기지 못하게 하소서.